Holger Banse

Das Geheimnis der Erlösung...

Holger Banse

Das Geheimnis der Erlösung...

Die Kirche im Dilemma zwischen biblischer Botschaft, Bekenntnistreue und Gehorsam dem Staat gegenüber

Fromm Verlag

Imprint
Any brand names and product names mentioned in this book are subject to trademark, brand or patent protection and are trademarks or registered trademarks of their respective holders. The use of brand names, product names, common names, trade names, product descriptions etc. even without a particular marking in this work is in no way to be construed to mean that such names may be regarded as unrestricted in respect of trademark and brand protection legislation and could thus be used by anyone.

Cover image: www.ingimage.com

Publisher:
Fromm Verlag
is a trademark of
International Book Market Service Ltd., member of OmniScriptum Publishing Group
17 Meldrum Street, Beau Bassin 71504, Mauritius
Printed at: see last page
ISBN: 978-613-8-37186-1

‚Rühmst du dich aber, so sollst du wissen, dass nicht du die Wurzel trägst, sondern die Wurzel trägt dich.‘

Brief des Paulus an die Römer, 11, 18

Inhalt

Anhang

Ein (Vor-) Wort über den Sündenfall der Kirche

Die Geschichte der Kirche ist eine Erfolgsgeschichte. Wer mag daran zweifeln, der wahrnimmt, dass noch heute etwa 1,8 Milliarden Christen, das sind fast ein Drittel der Weltbevölkerung, zu einer der großen (römisch-katholischen, orthodoxen, anglikanischen, lutherischen und reformierten) Kirchen gehören. Was vor 2000 Jahren mit Jesus von Nazareth und einigen Männern begann, die mit ihm gemeinsam durch Galiläa und Israel zogen, verbreitete sich über die Jahrhunderte hinweg weltweit. Das war zumindest in den ersten Jahrzehnten christlicher Mission nicht abzusehen. Vor allem lag es wohl nicht in der Absicht oder gar im Vorstellungshorizont Jesu. Darum formulierte der französische Theologe Alfred Loisy (1857-1940) zurecht und sehr treffend: , Jesus verkündete das Reich Gottes – gekommen ist die Kirche‘.

Die Grundgedanken Jesu von dem Glauben an den einen einzigen Gott, der die Welt nicht nur erschaffen hat, sondern sie auch begleitet und erhält, von der Gleichheit aller Menschen vor Gott, der Nächstenliebe, der Vorstellung, egal, wie schlecht es mir hier in diesem Leben geht, am Ende wartet das Paradies auf mich, also vom Trost, im Jenseits, im ewigen Leben das Glück zu finden, das sind nur wenige Beispiele dafür, dass sich sehr schnell Menschen von der Lehre Jesu und die der Apostel angesprochen fühlten, zumal wenn sie sozial schlecht gestellt waren. So bildeten sich sehr schnell kleine Gemeinden im kleinasiatischen Raum und schließlich im ganzen römischen Reich.

Mit der sog. ‚Konstantinische Wende‘ unter Kaiser Konstantin wurde in den Jahren 311/313 aus einer verbotenen und blutig verfolgten Kirche eine zunächst geduldete, dann rechtlich privilegierte Einrichtung. Unter Kaiser Theodosius I. wurde das Christentum 380 zur Staatsreligion. Mit der Taufe der jeweiligen Herrscher seit Konstantin unterstellten sie sich in gewisser Weise kirchlicher Jurisdiktion[1]. Und hier begann der Sündenfall der Kirche. Anders als in der Paradiesgeschichte, in der das Essen der Frucht des Baums in der Mitte des Garten Edens Weisheit versprach und die Möglichkeit, Gutes vom Bösen zu unterscheiden, wurden hier der Kirche politische Einflussnahme und Macht ermöglicht. Und die Kirche griff so wie einst Eva beherzt zu. Als ein Beispiel von vielen sei der sog. ‚Investiturstreit‘ aus dem Mittelalter genannt. Er wurde zu einem der Höhepunkte in der Frage, ob die geistliche der weltlichen Macht untertan wäre oder umgekehrt. Und eine, wenn auch manchmal sehr auseinandersetzungsreiche Symbiose zwischen Thron und Altar, in der Päpste

[1] vgl. die Auseinandersetzung zwischen Theodosius I. und Ambrosius, dem Bischof von Mailand: in Kallinikon am Euphrat war auf Veranlassung des dortigen Bischofs im Rahmen eines von ihm ausgerufenen Pogroms eine Synagoge niedergebrannt worden. Theodosius I. ordnete an, den Bischof zu bestrafen und die Synagoge auf Kosten der Kirche wieder aufzubauen. Diese Verfügung des Kaisers verstimmte Ambrosius. Er kritisierte den Kaiser öffentlich in einem Gottesdienst und verweigerte ihm die Teilnahme an der Kommunion solange, bis der Kaiser einlenkte. Das tat Theodosius schließlich.

Könige und Kaiser ein- und absetzten, wie auch Kaiser Päpste, Päpste und Bischöfe sich wie weltliche Herrscher gebärdeten, nahm ihren Verlauf.

Mit Theodosius I. aber begann das Christentum seinen Siegeslauf. Seine Ausbreitung war unaufhaltsam. Wer sich einer christlichen Taufe versagte, wurde verfolgt und getötet. So begleiteten Eroberung, Unterwerfung, Christianisierung mit Zwangstaufen nicht nur die Regierungszeit Karls des Großen. Mit der Entdeckung Amerikas fand das in der Neuen Welt durch portugiesische und spanische Herrscher ihre Fortsetzung. Die mit den Schiffen in die neu entdeckten Kontinente entsandten Vertreter kirchlicher Orden ließen ganze Völker und Kulturen ausrotten, wenn sie sich der Christianisierung verweigerten. Feuer und Schwert flankierten die Ausbreitung des Christentums. Das aber entsprach nicht mehr im Entferntesten der Botschaft Jesu.

Aber nicht nur die ‚Mission' unter den ‚Heiden' zog eine blutige Linie durch die Welt. Im Streit um das richtige Bekenntnis innerhalb der Kirche kam es fast von Anfang an zu heftigsten Auseinandersetzungen. Die eine Gruppe exkommunizierte die andere. 1054 trennte sich die Ostkirche (Byzanz/Konstantinopel) von der Westkirche (Rom). Der 30jährige Krieg (1618-1648) als politische Folge der Reformation (1517), in der sich lutherische und römisch-katholische Heere gegenüberstanden, entvölkerte viele Landstriche und brachte unsägliches Leid in die vom Krieg zerstörten Gebiete. Wie oft leugnete und verhöhnten die Kirchen in ihrer Geschichte Gott als den Geber und Erhalter allen Lebens. Nicht selten handelte sie gottvergessen.

Und Erinnerung? Buße? Neuanfang in der Rückbesinnung auf das Wort Gottes und die Botschaft Jesu? - Wenn es Worte der Eingeständnisse von Schuld gab, kamen sie Hunderte von Jahren später und verhalten so im leeren Raum, weil die Menschen, die Opfer dieser Gräueltaten waren, noch nicht einmal in ihren Kindeskindern lebten.

Zwischen der römisch-katholischen und den orthodoxen Kirchen gibt es immerhin nach über 1000 Jahren Kirchentrennung ‚Gespräche' und gegenseitige Besuche. Martin Luther ist jedoch bis auf den heutigen Tag von Rom nicht rehabilitiert. Und für das Verhältnis der Kirchen zum Judentum gab es, wenn überhaupt, hin und wieder, aber von den Offiziellen wenig beachtete oder gar das eigene Bekenntnis reflektierende Verlautbarungen. Aber mehr auch nicht. Ein Umdenken, ein Aufeinander-Zugehen, ein Überprüfen der Bekenntnisse und der gegenseitigen Verurteilungen, ein interreligiöses Studium der ‚Heiligen Schriften' von VertreterInnen der sog. ‚Buchreligionen', die ja Altes- und Neues Testament[2] als ihre Grundlage bezeichnen, allein um des gemeinsamen Bekenntnisses zu dem einen und einzigen Gott und seiner Friedensbotschaft

---

[2] Ich verwende auch im Folgenden die Bezeichnung ‚Altes- und Neues Testament', auch wenn ich um die Schwierigkeit dieser Begrifflichkeit weiß.

willen, ist heute genauso ferne wie vor Hunderten von Jahren. Erinnern, ja gerne, aber bitte ohne Konsequenzen. Alles soll so bleiben, wie es ist.

Eins muss an dieser Stelle auch ergänzt werden. Die Nähe der jeweiligen Kirchen zum Staat, in dem sie agierten, ist sehr unterschiedlich ausgeprägt. Die Orthodoxen Kirchen sind eher nationaler und staatstreuer[3]. Die römisch-katholische Kirche kann und konnte sich immer einer gewissen Neutralität rühmen, weil sie in allen Staaten der Welt vertreten ist. Denn im Zweifelsfall hörte man auf den Papst. Das hielt oder hält aber weder den Papst noch die Ortskirchen und ihre Vertreter davon ab, mit den jeweils Regierenden zu sympathisieren. Die lutherische Kirche war, seit Luther den jeweiligen Landesherrn zum obersten Bischof (summus episcopus) kürte, immer sehr staatsaffin. Als jedoch 1918 der deutsche Kaiser abdankte, wurde die lutherische Kirche in Deutschland von heute auf morgen 'kopflos‘. Darum liefen sie kopflos, wie sie waren, 1933 zuhauf in die Arme des neuen ‚Führers‘. Die anglikanische Kirche ist Staatskirche, der jeweilige Regent Oberhaupt der Kirche und ihre Staatstreue darum wesensimmanent.

Darum kann es nicht verwundern, dass die Kirche seit den ersten Jahrhunderten unserer Zeitrechnung im Dilemma zwischen biblischer Botschaft auf der einen Seite, ihrer Bekenntnistreue und ihrem Gehorsam dem Staat gegenüber auf der anderen Seite steckt. Und sie schafft es nicht, sich aus diesem Gefängnis zu befreien. Denn dafür müsste sie sich nicht nur erinnern. Diese Erinnerung müsste Konsequenzen haben für ihr Bekenntnis, für ihre Verkündigung und für ihren Umgang miteinander und mit anderen.

[3] Vgl. die unrühmliche Rolle der serbisch-orthodoxen Patriarchen in den Jugoslawienkriegen von 1991 bis 1999

Die Kirche und die Erinnerung

1. Der Jude Jesus und die Christologie in den altkirchlichen Dogmen

Das Christentum ist wie Judentum und Islam nicht nur eine ‚Buchreligion', sondern auch eine Offenbarungsreligion. Ort der Offenbarung ist die Geschichte. In ihr teilt Gott sich einzelnen Menschen in verschiedenen Ereignissen und auf verschiedene Art und Weise mit. Als Beispiele seien hier Abraham, Mose oder Elia genannt, deren jeweilige Berufung wichtige Wendepunkte in der Geschichte des jüdischen Volkes markierten. Sie werden, weil sie Empfänger einer göttlichen Offenbarung waren, in den eben genannten monotheistischen Religionen auch Propheten genannt.

Darüber hinaus spricht das Christentum nun aber von einer Offenbarung, die weit über das bisherige Verstehen von Gottes Offenbarung an Menschen hinausgeht. Eine Textstelle finden wir hierzu im Prolog des Johannesevangeliums (Joh. 1, 1ff). Hier schreibt der Evangelist, dass in Jesus Gottes Wort Fleisch wurde.

Es ist nicht davon auszugehen, dass Johannes der Begründer einer Christologie sein wollte, die 451 im Konzil von Chalcedon zum Dogma führte. Dieses Dogma sagt, dass Jesus zugleich wahrer Mensch und wahrer Gott sei.

In der theologischen Wissenschaft gilt als gesichert, dass Johannes in seinem Prolog möglicherweise Motive aus der Logos[4]–Philosophie des hellenistischen Judentums und der Stoa[5] übernahm. So ist es sicherlich nicht falsch zu behaupten, dass zu Beginn des Weges vom Johannesprolog bis zur Festschreibung des christologischen und trinitarischen Dogmas, heidnische Vorstellungen aus hellenistischer und römischer Götterwelt und Philosophie Pate gestanden haben, Vorstellungen jedenfalls, die keinerlei Bezugspunkte zu jüdischer Glaubenstradition und somit auch nicht zum Leben Jesu, seinem Glauben und seiner Verkündigung haben. Die Erzählungen vor allem der synoptischen Evangelien (Markus, Matthäus und Lukas) haben, wenn auch auf unterschiedliche Weise, bewusst versucht, die ungebrochene Verbindung von jüdischer Tradition zu Jesus zu unterstreichen und sie im Leben Jesu hervorzuheben. Denn so wie sie selbst Juden waren, stand für sie fest, dass Jesus auch Jude war. Das wird ebenso für den Evangelisten Johannes gelten, auch wenn er aus einem anderen kulturell-religiösen Hintergrund kommt und eher für die schreibt, die in hellenistischer Heimat zu Hause sind.

Für den Juden Paulus spielte die Herkunft, das Leben, das Wirken und die Verkündigung Jesu keine Rolle. Des Paulus Verkündigung beschränkte sich auf

---

[4] Logos (griech.) = das Wort

[5] Die Stoa ist eines der bedeutendsten philosophischen Lehrgebäude in der abendländischen Geschichte. Sie wurde von Zenon von Kition um 300 v. Chr. begründet.

das für ihn maßgebliche Kerygma des Leidens, des Todes und der Auferstehung Jesu. So reflektiert Paulus an keiner Stelle über das Jude-Sein Jesu.

War das für Paulus nicht der Erwähnung wert, weil es für seine Verkündigung keine Bedeutung hatte? Schließlich wusste er sich in seiner Mission an die Heiden gesandt. Und für die schien es wohl keine Rolle gespielt zu haben, aus welcher religiösen Tradition der Christus stammt.

Warum aber betonten die synoptischen Evangelien gerade des Jude-Sein Jesu? Schrieben sie ihre Evangelien doch einige Jahrzehnte, nach dem Paulus seine Briefe verfasst und versandt hatte. Waren die doch eher theologisch-philosophisch durchdachten Briefe des Paulus den Evangelisten nicht bekannt? Oder meinten sie, in der Theologie des Paulus fehlt der entscheidende Hinweis auf die Glaubenstradition Jesu, weil nur so der ganze heilsgeschichtliche Zusammenhang Sinn machen würde und zu verstehen sei? Interessant ist dieser Hinweis gerade auch deshalb, weil Paulus ja selbst Jude war, mit großer Wahrscheinlichkeit sogar eine pharisäische Ausbildung genossen hat.

Wie auch immer: auf der Grundlage verschiedener Stellen aus paulinischen Briefen (z.B. Phil. 2, 5-11. oder Kol. 1, 15-20) und des recht spät entstandenen Johannesevangeliums und seines Prologs von der Fleischwerdung des Wortes entwickelte sich in den darauffolgenden Jahrhunderten die sog. Inkarnationstheologie. Sie beschreibt, dass Gott in Jesus selbst Mensch wurde und sich in Jesus göttliche und menschliche Natur vermischen. Das Dogma von der Trinität, in dem Gott sich als Vater, Sohn und Heiliger Geist offenbart, war der Endpunkt einer dogmatischen Entwicklung, die sich in der Folge aus dem Konzil von Nicäa (325) bis hin zum Konzil von Toledo (675) ihren Weg bahnte.

Im 4. Laterankonzil[6] von 1215 wurde das Trinitätsdogma in der bestehenden Form noch einmal bestätigt und seit dieser Zeit nicht mehr in Frage gestellt. Begleitet wurde das Trinitätsdogma von der Entstehung des Apostolischen Glaubensbekenntnisses, das sich gleichsam als Zusammenfassung des göttlichen Heilsgeschehens versteht. Es besteht seit dem 5. Jahrhundert mehr oder weniger in der noch heute bekannten Form und wird bis heute in den Gottesdiensten gesprochen.

---

[6] Auf eben dieser Synode wurde auch die sog. Transsubstantiationslehre beschlossen, nach der in der Eucharistiefeier Brot und Wein wesensmäßig in Leib und Blut Christi verwandelt würden. Dieses Sakrament, so der Konzilsbeschluss, könne nur ein korrekt (rite) geweihter Priester vollziehen.
Des weiteren verbietet das Konzil Juden „schweren und unmäßigen Wucher, […] mit dem sie das Vermögen von Christen in kurzer Zeit erschöpfen"; gebietet Juden (und Muslimen), sich abweichend zu kleiden, damit christliche und jüdische (und muslimische) Männer und Frauen „sich nicht irrtümlich miteinander einlassen".
An Gründonnerstag und Karfreitag dürfen sie sich nicht in der Öffentlichkeit zeigen. Es verbietet die Übertragung öffentlicher Ämter an Juden (und Heiden), wodurch diesen Machtbefugnisse über Christen gegeben würden und untersagt getauften Juden das Verharren in ihren ehemaligen religiösen Bräuchen. Außerdem ruft es zum 5. Kreuzzug ins Heilige Land auf.

Wesentliche Teile der eben genannten Lehren finden wir bis heute in der Liturgie, in einer großen Anzahl kirchlicher Gesänge und Choräle der großen Kirchen. Trinitarisches Dogma und Apostolisches Glaubensbekenntnis haben auch in den evangelischen Kirchen unhinterfragbare Gültigkeit.

In der Volksfrömmigkeit, die je länger je weniger amtskirchlich eingebunden war und ist, haben jedoch die christlichen Feste (Weihnachten, Karfreitag, Ostern, Himmelfahrt und Pfingsten), die ihr Narrativ in den Erzählungen der Evangelien finden, eine größere Bedeutung als dogmengestützte theologische Aussagen der Kirche oder der Feste selbst.

Bei den christlichen Festen überragt das Weihnachtsfest und das Wissen um seinen ursprünglichen Inhalt die nachfolgenden deutlich. Irgendwie erinnern noch sehr viele, wenn auch kirchlich nicht mehr gebunden, dass es da um die Geburt eines Kindes geht. Die Bedeutung von Karfreitag, Ostern, Himmelfahrt und Pfingsten sind eher nur noch den Kirchentreueren bekannt. Vielleicht auch, weil die Erzählungen bei diesen deutlicher als beim Geschehen am Weihnachtstag von schweren theologischen Gedanken überlagert sind und sich nicht so gut vermarkten lassen.

Das Weihnachts- und dann auch das Osterfest haben jedoch die Jahrhunderte nicht unverändert überstanden. Aber es waren nicht theologische Erkenntnisse aus Aufklärung oder aus der seit Beginn des 20. Jahrhunderts in der Theologie mehr oder weniger beheimateten Exegese der biblischen Texte, die irgendwelche Veränderungen im Begehen der Feste mit sich gebracht hätten. Es waren kommerzielle Faktoren, die vor allem dafür sorgten, dass das Weihnachtsfest nicht in Vergessenheit gerät und sich immer noch großer Beliebtheit erfreut. So überdecken Weihnachtsmann und Osterhase die Geschehen der biblischen Erzählungen.

Und damit haben die Kirchen in den letzten Jahrzehnten große Mühe, vielleicht schon vergebliche, die Deutungshoheit über die kirchlichen Feste und Feiern nicht zu verlieren. Und da käme keiner aus theologisch-wissenschaftlicher Erkenntnis heraus auf die Idee, die romantische Gefühlswelt um den ‚Knaben mit dem lockigen Haar' zu zerstören. Ist es doch genau diese, die nach wie vor die Menschen am Heiligen Abend in die Kirchen strömen lässt.

Und wenn es doch den Versuch gab, der exegetischen Erkenntnis Rechnung zu tragen und etwas zu verändern, dann hatte das nicht lange Bestand, weil die Traditionalisten, die Volksseele und die Volksfrömmigkeit stärker sind als die Wahrheit, die ihre Erkenntnis aus der theologischen Arbeit bezieht.

Dazu ein Beispiel: an einem im liturgischen Jahr nicht unbedeutenden Punkt, nämlich in der Karfreitagsliturgie[7], versuchte die römisch-katholische Kirche vorsichtig, die Erkenntnisse des christlich-jüdischen Dialogs einzubringen. Seit

[7] Mehr zur Karfreitagsliturgie unten auf S. 32

den 60er Jahren des letzten Jahrhunderts reifte dort die Erkenntnis und fand dann auch in der Karfreitagsbitte Eingang, dass Gottes Treue zu den Juden ungebrochen wäre. Aber vor allem den konservativen Kreisen in seiner Kirche gehorchend, revidierte Papst Benedikt XVI. diese Version und ließ seit 2008 wieder für die Bekehrung der Juden beten. So hat die Bitte folgenden Wortlaut:

„Lasst uns auch beten für die Juden, auf dass Gott, unser Herr, ihre Herzen erleuchte, damit sie Jesus Christus erkennen, den Retter aller Menschen. Allmächtiger ewiger Gott, Du willst, dass alle Menschen gerettet werden und zur Erkenntnis der Wahrheit gelangen. Gewähre gnädig, dass beim Eintritt der Fülle aller Völker in Deine Kirche ganz Israel gerettet wird. Durch Christus, unseren Herrn. Amen."

2. Maria. Der Weg von der Mutter Jesu zu den vier Mariendogmen

Aber es gibt noch ein weiteres, im Alltag römisch-katholischer Frömmigkeit vielfach bedeutenderes Beispiel vom Dilemma zwischen theologischer Erkenntnis und der Praxis im Glauben.

Es ist vor allem die Weihnachtsgeschichte des Evangelisten Lukas, die Maria, die Mutter Jesu, in den Mittelpunkt rückt. Dies ist auch deshalb wichtig, weil die Mutter, also Maria, Garantin des Jude-Seins Jesu ist. Denn nur, so sagen es die Rabbinen, wer von einer jüdischen Mutter geboren wurde, ist Jude. Der Vater spielt keine Rolle. Trotzdem finden sich im Stammbaum Jesu, den wir bei Matthäus finden, nach alter patriarchalischer Vorstellung vor allem die Namen von Männern. Sie reichen von Abraham bis Joseph. ‚… Josef, dem Mann Marias; von ihr wurde Jesus geboren, der der Christus (der Messias) genannt wird' (vgl. Mt. 1, 17).

Wir sehen, nicht von ungefähr ist dem Evangelisten die Erwähnung Marias von Bedeutung. Maria ist bei Matthäus in der Riege der Männer, eine von fünf erwähnten Frauen. Die anderen Frauen, Tamar, Rahab, Ruth, Bathseba, waren Nichtjüdinnen.

Im weiteren Verlauf der Evangelien erfahren wir nur noch wenig über Maria. Markus wie Johannes erzählen keine Geburtsgeschichte Jesu. Aber, anders als bei den synoptischen Evangelien, steht bei Johannes Maria auf Golgatha unter dem Kreuz Jesu und wird somit zur Zeugin des Todes Jesu. Die Apostelgeschichte weiß Maria im Kreise der ersten Gemeinde in Jerusalem, deren Leiter der Bruder Jesu Jakobus ist.

Die den Evangelien folgenden Briefe erwähnen Maria mit keinem Wort. Und doch finden wir bereits im 2. Jahrhundert Tendenzen zur Verehrung Marias, gespeist aus Texten der sog. Apokryphen, die keinen Eingang in den Bibelkanon fanden.

Mit den Auseinandersetzungen über die Frage, wer Jesus war, und deren ‚Lösung' (Christologie) kam für Maria die Bezeichnung der Mutter Gottes auf. Um hervorzuheben, dass Jesus von Beginn seines Lebens an die göttliche mit der menschlichen Natur verband, wurde ihr dann auch der Titel der Gottesgebärerin zuerkannt, was auf dem Konzil von Ephesus 431 zum Dogma erhoben wurde.

Der Kirchenvater Origines vertrat um 200 die Auffassung der unverletzlichen Jungfräulichkeit Marias vor, bei und nach der Geburt Jesu. Diese Lehre zur ‚Jungfrau Maria' wurde auf dem 2. Vatikanischen Konzil von Konstantinopel 553 zur offiziellen Lehre der Kirche erhoben. Auch für dieses Dogma gab es keine biblische Grundlage, denn im alttestamentlichen Bezugstext, Jesaja 7, 14[8], ist von einer ‚jungen' Frau die Rede. Aus dieser ‚jungen' Frau wurde bei der Übersetzung in der Septuaginta[9] schon in messianischer Deutung und Interpretation die ‚Jungfrau'. Und da die Vulgata, die lateinische Übersetzung und maßgeblich für alle Übersetzungen in der römisch-katholischen Kirche, sowie auch Luthers Bibelübersetzung die Septuaginta als Grundlage hatten, hat sich die ‚Jungfrau' Maria auch in diese Übersetzungen hineingeschlichen.

Das Dogma von der Unbefleckten Empfängnis Marias, nach dessen Lehre Gott Maria vor jedem Makel der Erbsünde bewahrt hatte, weil sie die Mutter Gottes werden sollte, verkündete Papst Pius IX. 1854. Einer seiner Nachfolger, Pius XII, formulierte 1950 das Dogma von der Aufnahme Marias in den Himmel, was als Gehorsam des Sohnes zu verstehen sein sollte. Denn dem Elterngebot folgend sollte wie der Vater (Gott-Vater) auch die Mutter geehrt werden. Im Text des Dogmas heißt es:

„verkünden, erklären und definieren Wir ... in Kraft der Vollmacht unseres Herrn Jesus Christus, der heiligen Apostel Petrus und Paulus und Unserer eigenen Vollmacht: es ist eine von Gott geoffenbarte Glaubenswahrheit, dass die unbefleckte, immer jungfräuliche Gottesmutter Maria nach Vollendung ihres irdischen Lebenslaufes mit Leib und Seele zur himmlischen Herrlichkeit aufgenommen worden ist."

Bereits im 7. Jahrhundert entstanden die ersten Marienfeste und das ‚Ave Maria', das Gebet, dem eine sehr große Bedeutung in der röm.-kath. Kirche zukommt. In der bildlichen Darstellung (Ikonographie) Marias erinnert vieles an die aus wenigen Stellen des Alten Testaments bekannte ‚Himmelskönigin', die ihren Ursprung in Nachbarreligionen Israels hatte.

---

[8] ‚Siehe, eine junge Frau ist schwanger und wird einen Sohn gebären, den wird sie nennen Immanuel. (Jes. 7, 14)

[9] Die Septuaginta (lateinisch für *siebzig*, ‚Die Übersetzung der Siebzig', Abkürzung *LXX*), ist die älteste durchgehende Übersetzung der hebräisch-aramäischen Bibel in die altgriechische Alltagssprache, die Koine. Die Übersetzung entstand ab etwa 250 v. Chr. im hellenistischen Judentum, vorwiegend in Alexandria. Die meisten Bücher waren bis etwa 100 v. Chr. übersetzt, die restlichen Bücher folgten bis 100 n. Chr.

Wallfahrten zu Orten vermeintlicher Marienerscheinungen wie Lourdes, Fatima, Tschenstochau u. a., gehören seit vielen Jahrzehnten zur Volksfrömmigkeit, die vonseiten der offiziellen Kirche starke Unterstützung findet. Über die Gründe mag man nur spekulieren, aber zu fragen sei doch erlaubt, ob hier immer der Sohn oder doch eher die Mutter im Mittelpunkt der Verehrung steht. Aber eine gewisse Verselbständigung Marias unabhängig von ihrem Sohn ist ohne Zweifel nicht nur hier zu beobachten.

Und dann bleibt die Frage: wie passt ein solches Marienbild in die ursprüngliche Genealogie Jesu, deren vornehmlicher Zweck es war, das Jude-Sein Jesu zu bezeugen und ihn in die Linie und in die Verheißungen seines Volkes zu stellen? So kann festgestellt werden, dass sich die röm.-kath. Kirche auch in dieser Frage von der biblischen Grundlage entfernt hat, egal ob es nun die Evangelien sind oder die Briefe des Paulus. Und jeglicher Versuch, in der Teilnahme am christlich-jüdischen Dialog zu neuen Erkenntnissen auch für die eigene Verkündigung und Katechese zu gelangen, findet in den eben beschriebenen Fakten/Dogmen seine Grenze, die die in Jahrhunderten gefestigte Volksfrömmigkeit unüberwindbar erscheinen lässt.

3. Erinnerung als Vergegenwärtigung

Von dem jüdischen Gelehrten Ba`al Schem Tov (ca. 1700 -1760) stammt der Satz: „Das Exil wird länger und länger des Vergessens wegen, aber vom Erinnern kommt die Erlösung.“[10] Ohne Zweifel ging es Ba'al Schem Tov um die Erlösung des jüdischen Volkes aus Verfolgung und Exil.
Der Satz des Ba`al Schem Tov wurde in den Jahrzehnten nach ihm zu einem geflügelten Wort, das man der jüdischen Tradition zuordnete und deren Wortlaut leicht abgewandelt wurde. So finden wir ihn heute an vielen Stellen, die sich mit der ‚Vergangenheitsbewältigung‘ beschäftigen, folgendermaßen: ‚Das Vergessenwollen verlängert das Exil und das Geheimnis der Erlösung heißt Erinnerung.‘ Und oftmals ist es der Erinnerung an das, was das jüdische Volk erlitten und erduldet hat, entkleidet, aus seinem sog. ‚Sitz im Leben‘ entnommen und zu einem inflationären Wort für jegliche Erinnerung geworden.

Wie auch immer: Erinnern ist und war jedenfalls für die jüdische Tradition etwas Grundlegendes. Das Wort ‚erinnern‘ oder ‚erinnere dich‘ ist in der hebräischen Bibel ein oft zu findendes Wort. Allein die Häufigkeit (169 mal) zeigt, welche Bedeutung das Erinnern im jüdischen Glauben hat; mehr noch: ohne die Fähigkeit der Erinnerung gäbe es das jüdische Volk nicht. Denn sein Erinnern sicherte letztendlich seine Existenz.

---

[10] vgl. Sefer Ba'al Schem Tov, II, 190 § 8.

Wenn das Alte Testament von Erinnern spricht, dann meint dieses Erinnern sowohl ein Erinnern Gottes, als auch ein Erinnern des Volkes. Im Erinnern erfährt das jüdische Volk das heilvolle Handeln Gottes. Erinnerung wird somit zur Quelle jüdischen Glaubens.
Erinnern geschieht in jüdischer Tradition weniger in einem intellektuellen Akt, als vor allem im rituellen Handeln. Das beste Beispiel ist dafür die Feier des Pessach-Festes. Hier wird Jahr für Jahr und das seit Jahrtausenden an den Auszug Israels aus der Sklaverei in Ägypten gedacht. Die Erinnerung geschieht aber nicht in einer Rückschau. Der Blick auf das vergangene Geschehen dient allein der Vergegenwärtigung des Vergangenen. Jeder der am Sedermahl teilnimmt, das zu Beginn des Pessach-Festes gefeiert wird, solle so tun, als ob er selbst aus Ägypten herausgeführt und befreit wurde.
So wird das Fest zu einem Fest der Befreiung, der Erlösung, der Freude und des Lobes Gottes. Und hierbei soll jedem bewusst werden, dass aus der errungenen Freiheit, also der Erlösung aus der Knechtschaft folgt, selbst den Schwachen zu helfen und sie aus welcher Gefangenschaft auch immer zu erlösen.
In dieser erinnernden Vergegenwärtigung spielt der Prophet Elia (1. Kön. 17 bis 2. Kön. 2) eine nicht unwichtige Rolle. Denn seit seiner Entrückung in den Himmel (2. Kön. 2, 11ff.) wird seine Wiederkunft erwartet. Hier beim Sedermahl in besonderer Weise: die Tür zum Festsaal wird offen gelassen, damit der Prophet ungehindert eintreten kann, ein Stuhl wird für ihn freigehalten und der Becher des Elia – es ist der siebte, der im Verlauf des Mahles die Runde macht – steht bereit und wird geleert.
Nicht von ungefähr wird Jesus hin und wieder mit der Frage konfrontiert, ob er der wiedergekommene Elia sei, denn Elia ist über die Jahrhunderte hinweg und insbesondere zur Zeit Jesu sehr präsent und seine Wiederkunft wird zu jeder Zeit erwartet.
Die jüdische Glaubenstradition hat jedoch Elia als den belassen, der er war: der Prophet, der Wundertäter, der als erster, wie kein anderer vor ihm, den Glauben an den einen einzigen Gott vertrat und für diesen stritt. Und als solcher wurde er verehrt, als solcher wurde seine Wiederkunft erwartet. Das Bekenntnis zu dem einen einzigen Gott, der Monotheismus, ist unauflösbar mit Elia verbunden.

Erwähnt werden sollen an dieser Stelle jedoch auch einige andere jüdische Feste, die der erinnernden Vergegenwärtigung und der jüdischen Selbstidentifikation dienen:
Rosch ha-Schana ist das Neujahrsfest und erinnert an die Erschaffung der Welt, Sukkot an das Leben in der Wüste der aus Ägypten geflohenen Stämme Israels in Laubhütten, das Lichterfest Chanukka an die Einweihung des 2. Tempels, das Freudenfest Purim an die Befreiung aus dem persischen Exil, das Wochenfest Schawuot an den Empfang der 10 Gebote und schließlich Tischa beAv an die Zerstörung des Jerusalemer Tempels.

4. Das Dilemma der selektiven Erinnerung der Kirche

Wie kann es anders sein, dass auch das Christentum als Offenbarungsreligion und damit die Kirche ihre Identität im vergegenwärtigenden Erinnern von Ereignissen aus der Geschichte findet. Und da das Christentum nicht nur durch die Schriften des Alten Testaments, durch Jesus, den Juden, und die zumindest synoptischen Evangelien, die Zeugnisse jüdischen Glaubens sind, sehr eng mit dem Judentum verbunden ist, haben christliche Feste eine deutliche vor allem zeitlich-terminliche Parallele zu jüdischen. Chanukka als Lichterfest finden wir in zeitlichem Zusammenhang mit Weihnachten und seiner Lichtsymbolik, Purim zu dem vor allem im Rheinland gefeierten Karneval, Pessach zu Karfreitag und Ostern und schließlich Schawuot zu Pfingsten.

Selbst bei privat-familiären Feiern sind Ähnlichkeiten auffällig. So finden Beschneidung bis heute, Taufe bis vor einigen Jahrzehnten nahe am Geburtstermin statt. Der Übergang zum Erwachsensein wird im Judentum durch die Bar Mizwa (für Jungen) oder Bath Mizwa (für Mädchen) mit 13 (12 bei Mädchen) Jahren, im Christentum mit der Konfirmation oder Firmung im Alter von etwa 14 Jahren gefeiert. Wie die jeweiligen Feste gefeiert werden und was dort geschieht, ist verschieden, der eigentliche Sinn jedoch sehr ähnlich.

Juden feiern ihre Gottesdienste vornehmlich am Schabbath, also am letzten Tag der Woche, Christen am Sonntag, dem ersten Tag der Woche. Auch diese zeitliche Nähe ist durch den jüdischen Festtagskalender im Zusammenhang mit Tod und Auferweckung Jesu vorgegeben. Die ursprüngliche Feier des christlichen Gottesdienstes ist der Form des Synagogengottesdienstes entlehnt.

Und trotz dieser Nähe gingen beide Glaubensweisen getrennte Wege. Das hatte anfangs vor allem soziologische Gründe, also vor allem die der Abgrenzung. Bald jedoch ignorierte die Kirche das Leben der nach wie vor existierenden jüdischen Gemeinden und bezeichnete sich selbst als das von Gott auserwählte Volk.

So entwickelte sich vom 1. bis ins 7. Jahrhundert in der Kirche die sog. ‚Substitutionstheologie'. Sie beschreibt, dass das einst von Gott erwählte Volk Israel nicht mehr das Volk seines Bundes, sondern für alle Zeit von Gott verworfen und verflucht sei. Gottes Verheißungen an Israel seien auf die Kirche als neues Volk Gottes übergegangen.

Im weiteren Sinn bezeichnet die Substitutionstheologie auch jede christliche Lehre, die dem Judentum einen geringen, vorläufigen oder nur auf die Kirche hin ausgerichteten Wert zuspricht, in der auch die Juden die „Fülle der Wahrheit" erkennen sollten. Der Gegensatz von ‚Alt' und ‚Neu', von ‚Verheißung' und ‚Erfüllung', von ‚Gesetz' und ‚Evangelium' ist bis auf den heutigen Tag Gegenstand systematischer christlicher Theologie an den Universitäten, wenn es um das Verhältnis von Altem und Neuem Testament geht. Ja, das Wort von den Juden als den Gottesmördern, wenn es um den Tod Jesu ging, machte schnell die Runde und hielt sich in Theologie und Kirche hartnäckig.

Auch wenn mit der Aufarbeitung der Shoah zumindest bei einigen Theologen und Kirchen ein Umdenken im Blick auf die Substitutionstheologie begann, (siehe im Anhang: Rheinischer Synodalbeschluss von 1980), hat das bisher wenig Einfluss genommen auf liturgische Vorlagen (siehe z.B. oben die Karfreitagsliturgie in der röm.-kath. Kirche), auf Lieder[11] und Choräle, die in den Gottesdiensten gesungen werden, ja selbst auf die Theologie der Theologen.

Man könnte den Kirchen ein löchriges Gedächtnis, eine defizitäre Erinnerung, eine partielle Amnesie, oder gar eine Verdrängung des zu Erinnernden vorwerfen. Aber das wäre zu einfach gedacht. Sie wollten einfach nicht konsequent Folgen aus den Ergebnissen ihrer erinnernden Studien ziehen. Das hätte die Unfehlbarkeit[12], mehr noch als es ohnehin schon der Fall ist, doch arg in Zweifel gezogen. Und darum war ihr Erinnern immer ein selektives. Was nicht sein darf, das kann nicht sein.

Darüber hinaus lebt die Kirche in ihrem Erinnern ja auch von Ritualen und fördert diese. Und das aus verschiedenen Gründen. Zum einen entlasten sie, weil Rituale einfach zum Mittun einladen, ohne immer selbst nachdenken oder entscheiden zu müssen. Auf der anderen Seite jedoch haben sie auch den Nachteil, nicht nachdenken oder sich erinnern lassen zu müssen.

Und die Erinnerung an das, was wirklich war oder geschah, wäre schließlich unangenehm, wenn man sich eingestehen müsste, dass die ein oder andere frühere Erkenntnis und Entscheidung schlichtweg nicht mehr den Ergebnissen der Forschung entspricht und so manches, was sich über die Jahrhunderte hinweg in der Dogmen- und Theologiegeschichte entwickelte, über den Haufen werfen würde. Dann lieber alles so belassen, wie es ist, und sich in der Theologie zwar einen wissenschaftlichen bzw. akademischen Anstrich geben, um in der Öffentlichkeit und an den Universitäten präsent zu sein, aber aus den Ergebnissen der Forschung keine Rückschlüsse zu ziehen.

Das wäre zwar in keiner anderen Wissenschaft, ob Mathematik oder Medizin möglich. Aber gut, die Theologie war immer der philosophischen Fakultät zugeordnet. Und da gelten andere Spielregeln. Man könnte die Theologie verharmlosend als Glasperlenspiel bezeichnen, wenn sie nicht im Verlauf der Kirchengeschichte über die Jahrhunderte hinweg bis heute auch gravierende Folgen für das Leben von Menschen gehabt hätten.

Denn in den jeweiligen Glaubensbekenntnissen egal welcher Konfession ging und geht es um Wahrheit. Und da es bei der Wahrheit nicht um ein objektives Faktum geht, kann man sich ja über die Frage: was ist Wahrheit? gebührlich streiten. Das

[11] Ein neueres Beispiel hierfür ist das seit einigen Jahrzehnten gern gesungene ‚Halleluja' aus Taizé mit der Strophe: ‚Ihr seid das Volk, das der Herr sich ausersehn….'

[12] In der katholischen Kirche ist die Unfehlbarkeit des Papstes eine Eigenschaft, die – nach der Lehre des Ersten Vatikanischen Konzils (1870) unter Papst Pius IX. – dem römischen Bischof (Papst) zukommt, wenn er in seinem Amt als „Lehrer aller Christen" (ex cathedra) eine Glaubens- oder Sittenfrage als endgültig entschieden verkündet. Das Zweite Vatikanische Konzil sprach 1964 der Gesamtheit der Gläubigen ebenfalls Unfehlbarkeit zu: „Die Gesamtheit der Gläubigen, welche die Salbung von dem Heiligen haben, kann im Glauben nicht irren."

wusste schon Pontius Pilatus (Joh. 18, 38). Und in dieser Frage hat die Kirche, haben die Theologen oft keinen Spaß verstanden. Denn hätte die Kirche die Worte Jesu, selbst die Gedanken des Paulus ernst genommen, dann hätte von ihr kein Krieg, kein Töten, kein Morden ausgehen dürfen. Aber sie hat die Friedensbotschaft Jesu über weite Strecken ihrer Geschichte vergessen.
Es war jedoch nicht erst Jesus, der zum Frieden mahnte. Schon das 5. Gebot aus den Anfängen Israels verbot das Töten. Und dieses wurde bereits in langer jüdischer Tradition begleitet vom Gebot, den Nächsten zu lieben. Und Jesus? Nicht nur, dass Jesus die Liebe zum Nächsten im Doppelgebot der Liebe noch einmal betonte; in der Bergpredigt gebot er sogar, den Feind zu lieben.

Der ehemalige Bundeskanzler Helmut Schmidt kritisierte die Friedensbewegung in der Diskussion um den Doppelbeschluss der Nato[13], indem er sagte, man könne mit der Bergpredigt keine Politik machen. Auf Kirchentagen verfocht er vehement die von Max Weber propagierte Unterscheidung von Gesinnungs- und Verantwortungsethik. Aber wem antwortet eine Ver-antwortungs-ethik, wenn nicht den Mächtigen und ihrer Machteroberung oder ihrem Machterhalt. Aber es ist nicht die Philosophie Machiavellis, die den Christen ins Stammbuch geschrieben wurde, sondern die Bergpredigt Jesu. Und da muss ich mich als Christ entscheiden, welchem Herrn ich diene. Nein, da gibt es nichts zu entscheiden. Als Christ ist mir die Entscheidung abgenommen. Und da ist die Frage, ob der Beruf des Politikers für einen Christen, wenn man mit der Bergpredigt keine Politik machen kann, der richtige Beruf ist.

Und so bleibt eins der großen Dilemmata der Kirche der Unterschied zwischen dem, was Jesus sagte und wollte und dem, was die Kirche zum Teil aus den Worten Jesu gemacht hat. Das Aufzeigen der Blutspur durch die Jahrhunderte, wo Kirche zum Krieg, zum Töten aufgefordert (die Kreuzzüge, Hexenverbrennungen und Religionskriege seien hier nur als Beispiele genannt) oder sie geduldet, abgesegnet, religiös begleitet und flankiert hat (siehe hier die Eroberungskriege, die im letzten Jahrhundert von Deutschland ausgingen), würde ganze Bücherregale füllen.
Denn um Macht und Machterhalt ging und geht es der Kirche, seit sie sich mit den Mächtigen einließ und sich in ihrem Lichte sonnen konnte. Staatstreue und Gehorsam, oft voreilender Gehorsam der weltlichen Macht gegenüber waren und sind ihr immer wichtig gewesen und begründete dies mit den paulinischen Gedanken aus Römer 13[14]. Aber wenn wir uns unzählige Beispiele für Mord und Töten aus der Papst- und Kirchengeschichte anschauen, dann lässt sich das auch bei bestem Willen nicht mit Römer 13 erklären, denn hier gingen Mord und

---

[13] Doppelbeschluss der NATO aus dem Dezember 1979, in dem man das Aufstellen neuer Atomraketen in Westeuropa mit Verhandlungen zur Rüstungskontrolle verband.

[14] Jedermann sei untertan der Obrigkeit, die Gewalt über ihn hat. Denn es ist keine Obrigkeit außer von Gott.. (Röm. 13, 1).

Vernichtung von der Kirche selbst aus. Und das Wort Jesu vom Herrschen und Dienen (Mt. 20, 20ff, 23, 11f) passte bald und schon gar nicht mehr in das Gefüge der Verführung von Macht und politischem Anspruch, dem die Kirche erlag.

Und so steckt die Erinnerungskultur der Kirche in einem großen Dilemma: da gibt es nicht nur das in den vorhergehenden Kapiteln aufgeführte Unvermögen einer kritischen Reflektion und Analyse ihrer Bekenntnisse im Blick auf die Ergebnisse der historisch-kritischen Exegese, dem Jude-Sein Jesu und dem christlichen-jüdischen Gespräch, sondern auch grundlegend den Gehorsam bzw. den Ungehorsam dem Worte Gottes und der Verkündigung Jesu gegenüber.

5. Die Schuld der Kirche und ihre Schulbekenntnisse

Die bisher formulierten und bekannten Schuldbekenntnisse der Kirche welcher Couleur auch immer konnten nicht einmal in Ansätzen diese Dilemmata auflösen, was ja vielleicht der Sinn derselben gewesen wäre.

Schauen wir uns das Stuttgarter Schulbekenntnis vom Oktober 1945 an, das in einer Sitzung den Vertretern des Ökumenischen Rates der Kirchen vorgelegt wurde.
„...Der Rat der Evangelischen Kirche in Deutschland begrüßt bei seiner Sitzung am 18./19. Oktober 1945 in Stuttgart Vertreter des Ökumenischen Rates der Kirchen. Wir sind für diesen Besuch umso dankbarer, als wir uns mit unserem Volk nicht nur in einer großen Gemeinschaft der Leiden wissen, sondern auch in einer Solidarität der Schuld. Mit großem Schmerz sagen wir: Durch uns ist unendliches Leid über viele Völker und Länder gebracht worden. Was wir unseren Gemeinden oft bezeugt haben, das sprechen wir jetzt im Namen der ganzen Kirche aus: Wohl haben wir lange Jahre hindurch im Namen Jesu Christi gegen den Geist gekämpft, der im nationalsozialistischen Gewaltregiment seinen furchtbaren Ausdruck gefunden hat; aber wir klagen uns an, dass wir nicht mutiger bekannt, nicht treuer gebetet, nicht fröhlicher geglaubt und nicht brennender geliebt haben.....‘

Abgesehen davon, dass mit keinem Wort die versuchte Vernichtung des europäischen Judentums erwähnt wurde, an der die Kirche ja mit ihrer Theologie und Verkündigung wesentlich beteiligt war, sind die im Schuldbekenntnis notierten Worte von Leid und Schuld nichts als leere Hülsen, weil sie inhaltslos aneinander gereiht werden. Denn was waren Grund und Ursache, dass dieses entsetzliche Leid von der Kirche ausgehen konnte und über Völker und Länder gebracht wurde. Darüber schweigt das Bekenntnis. Da hätte die Kirche sich an ihre oft blutige Geschichte von Macht und Machtgelüsten erinnern müssen, die zurückreichen bis in die ersten christlichen Jahrhunderte. Aber was hülfe die

Erinnerung, wenn zwar Irrtümer erkannt würden, aber aus dieser Erkenntnis keine positive Veränderung folgte.

In der römisch-katholischen Kirche gibt es das Sakrament der Beichte. Der Katholische Erwachsenenkatechismus nennt fünf Voraussetzungen für eine gültige Beichte und das dürfte im Grunde auch entsprechend für ein Sündenbekenntnis in evangelischem Raum gelten: Gewissenserforschung, Reue, guter Vorsatz, Bekenntnis und Wiedergutmachung.

- In der Gewissenserforschung geht es darum, sich der Sünden und ihrer Umstände bewusst zu werden.
- Die Reue ist der wichtigste Teil der Beichte. Ohne Reue ist eine Vergebung der Sünden nicht möglich. Was man nicht bereut, kann man nicht gültig beichten.
- Der gute Vorsatz soll in der Absicht bestehen, in Zukunft alle schweren Sünden zu meiden.
- Für eine gültige Beichte ist das Bekenntnis aller bewussten schweren Sünden nötig, derer man sich seit der Taufe erinnert und die noch nicht durch eine sakramentale Beichte vergeben worden sind. Eine Sünde ist dann schwer, wenn ein Gebot Gottes in einer wichtigen Sache, mit klarem Bewusstsein und in freier Entschiedenheit übertreten worden ist. Es wird auch geraten, weniger schwere, sogenannte lässliche Sünden zu bekennen.
- Die Wiedergutmachung (Buße) besteht zunächst in der Pflicht, begangenes Unrecht soweit irgend möglich zu begleichen.

Das Bußsakrament bewirkt die Wiederherstellung der Taufgnade, die für das ewige Leben bei Gott notwendig ist.

Keine Vergebung der Sünden erhält,

- wer keine Reue über seine Sünden empfinden will
- wer die nächste Sünde oder die Gelegenheiten zur Sünde nicht meiden will
- wer seinen Feinden nicht verzeihen, fremde Ehre nicht wiederherstellen oder anderes Unrecht nicht ausgleichen will, obwohl er es könnte.

Das, was Kirche von ihren Mitgliedern fordert, vermag sie selbst nicht einzulösen. Da ist sie in selbst gelegten Fesseln gefangen. Wie kann sie erlösen, wenn sie selbst gefangen ist? Oder um mit Worten Jesu zu sprechen: Kann auch ein Blinder einem Blinden den Weg weisen? Werden nicht alle beide in die Grube fallen? (Lk 6, 39)

Ich möchte schließen mit einigen Auszügen aus einem Schuldbekenntnis von Dietrich Bonhoeffer, das er lange vor seiner Verhaftung 1943 formulierte. Sein Schüler und Freund Eberhard Bethge hat die nur aus Fragmenten bestehende Schrift unter dem Titel ‚Ethik' 1949 herausgegeben. Bonhoeffer schrieb es im Blick auf das Ende des Krieges als mögliches Schuldbekenntnis der Kirche[15]:

‚Die Kirche bekennt, ihre Verkündigung von dem einen Gott, der sich in Jesus Christus für alle Zeiten offenbart hat und der keine andere Götter neben sich leidet, nicht offen und deutlich genug ausgerichtet zu haben. Sie bekennt ihre Furchtsamkeit, ihr Abweichen, ihre gefährlichen Zugeständnisse. Sie hat ihr Wächteramt und ihr Trostamt oftmals verleugnet. Sie hat dadurch den Ausgestoßenen und Verachteten die schuldige Barmherzigkeit oftmals verweigert. Sie war stumm, wo sie hätte schreien müssen, weil das Blut der Unschuldigen zum Himmel schrie. Sie hat das rechte Wort in rechter Weise zu rechter Zeit nicht gefunden. Sie hat dem Abfall des Glaubens nicht bis aufs Blut widerstanden und hat die Gottlosigkeit der Massen verschuldet.

Die Kirche bekennt, den Namen Jesu Christi missbraucht zu haben, indem sie sich seiner vor der Welt geschämt hat und Missbrauch dieses Namens zu bösem Zweck nicht kräftig genug gewehrt hat: Sie hat es mit angesehen, dass unter dem Deckmantel des Namens Christi Gewalttat und Unrecht geschah. Sie hat aber auch die offene Verhöhnung des heiligsten Namens ohne Widerspruch gelassen und ihr damit Vorschub geleistet...

Die Kirche bekennt, die willkürliche Anwendung brutaler Gewalt, das leibliche und seelische Leiden unzähliger Unschuldiger, Unterdrückung, Hass und Mord gesehen zu haben, ohne ihre Stimme für sie zu erheben, ohne Wege gefunden zu haben, ihnen zu Hilfe zu eilen. Sie ist schuldig geworden am Leben der schwächsten und wehrlosesten Brüder Jesu Christi....

Die Kirche bekennt, Beraubung und Ausbeutung der Armen, Bereicherung und Korruption der Starken stumm mitangesehen zu haben. Die Kirche bekennt, schuldig geworden zu sein an den Unzähligen, deren leben durch Verleumdung, Denunziation, Ehrabschneidung vernichtet worden ist. Sie hat den Verleumder nicht seines Unrechts überführt und hat so den Verleumdeten seinem Geschick überlassen. Die Kirche bekennt, begehrt zu haben nach Sicherheit, Ruhe, Friede, Besitz, Ehre, auf die sie keinen Anspruch hatte, und so die Begierden der Menschen nicht gezügelt, sondern gefördert zu haben.'

Dieses Schuldbekenntnis wurde nie und von keinem gesprochen. Die Schuldbekenntnisse der Kirche, die später folgten, erfüllten bei weitem nicht das, was Bonhoeffer hier in seiner Ethik vorgedacht hat. Die Kirche ist auf einem

[15] Dietrich Bonhoeffer, Ethik, hrsg. v. Eberhard Bethge, 2. Auflg, 1953, S. 120ff.

Viertel des Weges stehen geblieben. Und so konnte sie das Exil nicht verlassen, in das sie sich selbst hineinmanövriert hatte.

So könnte man sagen, dass die Kirche in ihrem Vergessen dessen, was war und was sie eigentlich hätte tun müssen, seit langem im Exil lebt, gefangen, befangen und darum in vielem, was sie tut und predigt, wenig glaubwürdig ist. Und je länger und je mehr Menschen sich von ihrer Vormundschaft lösen, nicht mehr den Ritualen folgen, ihre Autorität als einzig Sinn stiftende Institution in Frage stellen und selbst nachdenken, so wie es in der Reformation einmal begonnen hatte – aber dann auch hier schnell, vielleicht aus Bequemlichkeit versandete, umso weniger wird man ihr blindes Vertrauen und Gehorsam entgegen bringen.

Denn es bleibt die Frage: Wie kann die Kirche als eine, die sich selbst wenig an die von ihr selbst aufgestellten Regeln hält, die erlösende Botschaft von der freimachenden Gnade des einen und einzigen Gottes verkünden?

Aber wer stellt diese Frage? Und wenn sie einer stellen würde, würde sie bei den Angesprochenen auf Kopfschütteln und gänzliches Unverständnis treffen. Denn an Selbstsicherheit und Selbstgewissheit hat es der Kirche noch nie gemangelt. Und immer wieder hat sie betont: extra ecclesiam nulla salus est, außerhalb der Kirche gibt es kein Heil. Und Glaube ist das, was die Kirche glaubt. So ist die Kirche in einem Legislative, Judikative und Exekutive in einem geschlossenen Kreislauf… - und darum in einer demokratischen Gesellschaft, in der ja auch und immer schon gewisse Grundregeln gelten, wenig oder vielleicht gar nicht mehr zeitgemäß.

Die Bedeutung des 17. Januar in seiner ökumenischen Perspektive. Von ‚Nostra Aetate' nach Graz. Von der Erwählung Israels zur Einheit der Kirche.

Vom 23. bis 29. Juni 1997 traf sich in Graz die Zweite Europäische Ökumenische Versammlung. In dem Schlussdokument 3, das als Handlungsempfehlungen überschrieben und mit großer Mehrheit von der Vollversammlung entgegengenommen wurde, lesen wir unter Punkt 2.3:

‚Wir empfehlen den Kirchen, dem Beispiel einiger Kirchen in Italien und Deutschland zu folgen und einen Tag zu bestimmen, der dem Dialog mit dem Judentum und der Begegnung mit dem lebendigen jüdischen Glauben gewidmet ist. In ähnlicher Weise sollten Tage und Anlässe gefunden werden, um die Beziehungen zu anderen Religionen zu pflegen und zu verlebendigen.'[16]

Dass ein solch wichtiger Gedanke Aufnahme in ein Abschlussdokument der Grazer Kirchenversammlung gefunden hat, die sich in den konziliaren Prozess um Gerechtigkeit, Frieden und Bewahrung der Schöpfung einreihte, unterstreicht die ökumenische Bedeutung, die zurecht auch dem Dialog zwischen Christen und Juden (und Muslimen) beigemessen wird.

Der Antrag selbst, der zur Aufnahme in das Abschlussdokument geführt hat, wurde von der Katholischen Bischofskonferenz Italiens (CEI) eingebracht.

Im Folgenden möchte ich eine geschichtliche Entwicklung nachzeichnen, die in Venedig begann, über das Konzilsdokument ‚Nostra Aetate' vom 28. Oktober 1965 bis nach Graz führte.

Dass dieser Prozess von Anfang in einen innerkirchlich-ökumenischen Rahmen eingebettet war, soll schon im ersten Teil deutlich werden. In einem zweiten Teil möchte ich über die ökumenische Bedeutung der Erwählung Israels und die ökumenische Perspektive eines solchen Tages nachdenken, die sich den Kirchen Europas erschließen würde, wenn sie sich zu einem solchen gemeinsamen Tag des Dialogs und der Begegnung mit dem Judentum entschlössen.

1. Von ‚Nostra Aetate' nach Graz

Am Anfang dieses Prozesses stand, wie so oft, eine Frau: Maria Vingiani (1921-2020). In Neapel geboren kam sie als junges Mädchen nach Venedig, studierte Literatur in Padua und promovierte 1947 über die Kontroversen zwischen

[16] Zweite Europäische Ökumenische Versammlung vom 23. –29. Juni 1997 in Graz, Dokumentation Aktuell 10, in: Ökumenischer Informationsdienst, hrsg. v. der Ökumenischen Gesellschaft für Gerechtigkeit, Frieden und Bewahrung der Schöpfung e.V., Frankfurt.

Katholiken und Protestanten im 18. Jahrhundert und ihre Aufnahme in den apologetischen Positionen der Gegenwart.

In dieser Arbeit fand Maria Vingiani den Ausgangpunkt für ihr ökumenisches Engagement, für die sie seit dieser Zeit unaufhörlich arbeitete. Auch als sie in Venedig zur Kulturreferentin der Stadt berufen wurde, wusste sie ihre ökumenische Begeisterung mit der ihr neu zugewachsenen Aufgabe zu verbinden und nahm Kontakte zu Kirchen und deren Vertretern in Ländern auf, in denen eine freie Religionsausübung verboten war. Auf ihren dienstlichen Reisen brachte sie oft auf geheimnisvollen Wegen Briefe ihres Patriarchen[17], Angelo Roncalli, zu Kardinälen und Bischöfen, die in Hausarrest lebten.

In diese Jahre fielen auch erste Überlegungen, ein Segretariato attività ecumeniche (SAE)[18] zu gründen. Dies konnte sie dann 1964[19] realisieren. Von der SAE gehen seit dieser Zeit zahlreiche ökumenische Initiativen aus. Heute ist sie eine über ganz Italien verbreitete Laienorganisation, die den interkonfessionellen und interreligiösen Dialog sucht und ihn durch zahlreiche Seminare, Schriften und Diskussionsveranstaltungen fördert. Ohne die SAE ist die italienische Ökumene nicht mehr zu denken. Als Angelo Roncalli am 28. Oktober 1958 zum Papst gewählt wurde und als Johannes XXIII. am 25. Januar 1959 (letzter Tag der Gebetswoche für die Einheit der Christen[20]) ein Konzil ankündigte, schrieb Maria Vingiani an ihren ehemaligen Patriarchen: ‚Wenn das Konzil ein ökumenisches Konzil sein wird, höre ich mit der Politik auf und komme nach Rom, um mich in den Dienst der Kirche zu stellen.‘ Nur zehn Tage später kam die Antwort durch den damaligen päpstlichen Sekretär Monsignore Loris Capovilla: ‚Kommen Sie, der Papst erwartet Sie!‘

In Rom hoffte sie, einen schnelleren und direkteren Kontakt zwischen ihren ökumenischen Ideen und Initiativen und denen von Kardinal Augustin Bea, damaliger Präsident des Sekretariats für die christliche Einheit, herstellen zu können.

Zunächst aber kümmerte sich Vingiani um ein Anliegen Jules Isaacs (1877-1967).

Der erste Kontakt zwischen Maria Vingiani und Jules Isaac fällt in das Jahr 1957 bei einem Besuch Isaacs in Venedig. Isaac ist Franzose. Von Hause aus Historiker und nur durch ein Wunder der Shoah entgangen, ist er einer der Wegbereiter des jüdisch-christlichen Dialogs, einer der bedeutendsten Anwälte jüdischer Anliegen und im 20. Jahrhundert Vorreiter von Initiativen gegen jede Art von

[17] so der Titel des Bischofs von Venedig.

[18] Übersetzt: Sekretariat ökumenischer Aktivitäten

[19] Das Gründungsdatum des SAE fällt zusammen mit dem historischen Treffen zwischen Paul VI. und dem Patriarchen Athenagoras und dem päpstlichen Dokument ‚Unitatis redintegratio‘ (21. November 1964).

[20] Diese internationale Gebetswoche wurde 1909 vom Amerikaner Paul Francis Wattson (1863–1940) ins Leben gerufen.

Antisemitismus. Sein Buch ‚Jesus und Israel‘[21] fand nicht nur in Frankreich große Aufnahme. Vor allem der pädagogischen Vermittlung seiner historischen Erkenntnisse galt sein Augenmerk. So wurde er zu jeder Zeit seinem Ruf als ‚Geschichtsprofessor der französischen Nation‘ gerecht.

Isaac traf von seinem jüngsten Sohn Jean-Claude begleitet in Venedig ein. Jean-Claude hatte neben dem Vater als einziger das Konzentrationslager überlebt. Seine Mutter, seine Schwester und sein älterer Bruder waren im KZ ermordet worden.

In Venedig bat er Maria Vingiani, eine Gesellschaft für jüdisch-christliche Freundschaft zu gründen. Isaac selbst hatte in Frankreich mehrere solcher Vereinigungen ins Leben gerufen. Die auf Initiative von Vingiani gegründete Vereinigung jüdisch-christlicher Freundschaft war die Erste in Italien.

Maria Vingiani war beeindruckt von der herausragenden Persönlichkeit, der Entschluss- und Überzeugungskraft Isaacs.

Ein Beispiel mag das illustrieren. Sie schrieb einmal: ‚Als Roncalli Papst wurde, verstand Isaac sofort, dass er auf Roncalli als Papst all seine Hoffnung setzen konnte. Denn zum einen hatte Roncalli wenige Jahre zuvor bei der Einweihung einer Schifffahrtslinie Venedig-Haifa gesagt, dass eine Linie Venedig-Haifa schon eine gute Sache sei, aber eine Verbindung zwischen Rom und Jerusalem die bessere. Zum anderen, weil Roncalli den Mut hatte, ein ökumenisches Konzil einzuberufen.

Von Venedig aus bereitete Isaac ein Schriftstück vor, das er ‚Della necessità di una riforma dell‘ insegnamento cristiano nei confronti di Israele‘[22] nannte, sandte es Johannes XXIII. und bat bei ihm um eine Audienz. Dieser schien nichts im Wege zu stehen. Doch sie wurde ihm bei seinem Eintreffen in Rom am 8. Juni 1960 durch ein unverhofftes ‚Nein‘ vonseiten der päpstlichen Kurie verweigert. Das von Isaac vorbereitete Dokument war nie in die Hände des Papstes gelangt. Fünf Tage später, am 16. Juni 1960, jedoch gelang es ihm mit Hilfe des französischen Botschafters beim Heiligen Stuhl und auf Vermittlung von Maria Vingiani und ihren alten venezianischen Freundschaften, eine halbstündige Audienz bei Johannes XXIII. zu bekommen. Hier übergab er ihm das oben genannte Dossier, darüber hinaus eine Betrachtung darüber, wie man in christlicher Katechese über die Juden spreche und zum Dritten einen Auszug aus dem Trienter Katechismus, der beweise, dass die gegen die Juden erhobene

[21] In der Widmung dieses bedeutenden Buches, das versucht christliche Wurzeln für den Antisemitismus zu erforschen, ist zu lesen: Meiner Frau, meinem Sohn, meiner Tochter, Märtyrer, ermordet von Hitlers Nazismus, ermordet nur, weil sie Isaac hießen. Übersetzt nach einem Zitat aus: Riforma, 27. März 1998, S. 5.

[22] Übersetzt: ‚Von der Notwendigkeit einer Reform der christlichen Unterweisung Israel betreffend‘

Anschuldigung des Gottesmordes nicht zur heiligen Tradition der Kirche gehöre.[23]

Diese Texte entstanden in einem Jahrzehnte andauernden Studium Isaacs der Evangelien, deren antisemitische Tendenzen er nicht nur hinterfragte, sondern auch widerlegte. Isaac war Mitverfasser der sog. Seelisberger Thesen[24], die auf der Internationalen Konferenz der Christen und Juden vom 30. Juli bis 5. August 1947 in der Schweizer Gemeinde Seelisberg verabschiedet wurden.

Die Seelisberger Thesen waren die erste bedeutende Stellungnahme vonseiten der Kirche den Juden gegenüber. Als 2009 die deutschen Gesellschaften für christlich-jüdische Zusammenarbeit anlässlich ihres 60. Gründungsjubiläums in Berlin ihre ‚Zwölf Thesen von Berlin. Ein Aufruf an christliche und jüdische Gemeinden in der ganzen Welt'[25] verabschiedeten, bezogen sie sich ausdrücklich auf die Thesen von Seelisberg.

In der Folge der Seelisberger Konferenz wurde der Internationale Rat der Christen und Juden (ICCJ) gegründet.

Mit dem Treffen zwischen Johannes XXIII. und Jules Isaac veränderte sich die Beziehung zwischen der römisch-katholischen Kirche und dem Judentum radikal. Das Thema des jüdisch-christlichen Dialogs wurde auf die Tagesordnung des Konzils gesetzt und fand im Konzilsdokument ‚Nostra Aetate' seinen Niederschlag. Es läutete die Reform des Verhältnisses der römisch-katholischen Kirche zum Judentum ein und bestimmt bis heute maßgeblich deren Beziehung. Der Mut zur Wahrheit und der Wille zur Versöhnung, ausgehend von Jules Isaac, gelangten zu Johannes XXIII. und durch ihn ins 2. Vatikanische Konzil und damit zur Kirche als ein von nun an unveränderbares Faktum.

Das Konzilsdokument ‚Nostra Aetate' unterstreicht[26] gleich zu Beginn seines Textes (4.1) den geistlichen Wert des Bandes, das das Volk des Neuen Testamentes mit dem Stamme Abrahams verbindet. So erkennt die Kirche Christi an, ‚dass nach dem Heilsgeheimnis Gottes die Anfänge ihres Glaubens und ihrer Erwählung sich schon bei den Patriarchen, bei Moses und den Propheten finden' (4.2). Aber die Beziehung von Christen zu Juden basiert nicht allein auf vergangenen Tatsachen, denn es gibt etwas Maßgebliches in der Gegenwart, das sowohl das jüdische Volk wie auch die Christen beseelt und inspiriert: die Offenbarung. ‚Deshalb kann die Kirche auch nicht vergessen, dass sie durch jenes Volk, mit dem Gott aus unsagbarem Erbarmen den Alten Bund geschlossen hat,

---

[23] Lexikon für Theologie und Kirche, Ergänzungsband II, Freiburg, Basel, Wien, 1967, NOSTRA AETATE, S. 406.

[24] Die Seelisberger Thesen finden sich im nachfolgenden Kapitel ‚Zeit zur Neuverpflichtung. Die 12 Berliner Thesen'.

[25] siehe das nachfolgende Kapitel: Zeit zur Neuverpflichtung. Die 12 Berliner Thesen.

[26] Vgl. im Folgenden: ebenda: NOSTRA AETATE, S. 491ff. Die Zahlen in Klammern beziehen sich auf den durchnummerierten Text der Erklärung.

die Offenbarung des Alten Testamentes empfing und genährt wird von der Wurzel des guten Ölbaums, in den die Heiden als wilde Schösslinge eingepfropft sind (4.2). Eindrucksvoll unterstreicht das Dokument das Christen und Juden gemeinsame geistliche Erbe.

Diese eher allgemeinen Bemerkungen werden dann durch ein weiteres Konzilsdokument ‚Dei verbum'[27] ergänzt. Wir lesen: Gott hat sich ‚dem Volk, das er sich erworben hatte, durch Wort und Tat als einziger, wahrer und lebendiger Gott so offenbart, dass Israel Gottes Wege mit den Menschen an sich erfuhr, dass es sie durch Gottes Wort aus der Propheten Mund allmählich voller und klarer erkannte und sie unter den Völkern mehr und mehr sichtbar machte' (14). Er hat die Bücher beider Bünde inspiriert und ist ihr Urheber (16). So habe die Kirche die Heiligen Schriften immer verehrt wie den Herrenleib selbst, weil sie, vor allem in der heiligen Liturgie, vom Tisch des Wortes Gottes wie des Leibes Christi ohne Unterlass das Brot des Lebens nimmt und den Gläubigen reicht (21).

In ‚Nostra Aetate' lesen wir noch: Aus all diesen Gründen ‚will die Heilige Synode die gegenseitige Kenntnis und Achtung fördern, die vor allem die Frucht biblischer und theologischer Studien sowie des brüderlichen Gesprächs ist' (4.5)[28].

Dass dieses begleitet sein möge von Begegnungen zwischen Juden und Christen, ebenso im Gebet und auch in der Meditation vor Gott, führte das zur praktischen Anwendung von ‚Nostra Aetate' folgende Dokument aus.[29]

Was ‚Nostra Aetate' vielleicht weniger deutlich herausstrich, aber für den jüdisch-christlichen Dialog unendlich wichtig war, dass Gott mit Israel einen Bund geschlossen und die Verheißung gegeben und nie zurückgenommen hat, beschreibt die Dogmatische Konstitution über die ‚Kirche', mit dem Titel ‚Lumen Gentium', die vom Zweiten Vatikanischen Konzil formuliert und am 21. November 1964 von Papst Paul VI. in Kraft gesetzt wurde.[30].

Die starke Ausrichtung der SAE im Blick auf den jüdisch-christlichen Dialog begleitete die Arbeit dieser Organisation auch in den folgenden Jahren. Maria Vingiani wurde dank ihrer Arbeit und ihres Engagements auf ökumenischer und jüdisch-christliche Ebene in das Sekretariat für Ökumene und den Dialog der Katholischen Bischofskonferenz Italiens (CEI) berufen. Hier machte sie den Vorschlag, den 17. Januar in ganz Italien als einen Tag des Dialogs und der Begegnung mit dem Judentum zu begehen.

[27] Vgl. im Folgenden, ebenda, DEI VERBUM, S. 559.

[28] Vgl. NOSTRA AETATE, S. 493.

[29] Orientamenti e suggerimenti per l' applicazione della dichiarazione ‚Nostra Aetate', siehe Artikel: Alberto Ablondi, Dialogo che sa di Alleanza, in: Avvenire, 16 gennaio 1990.

[30] Vgl. im Folgenden: Lexikon für Theologie und Kirche, Freiburg, Basel, Wien, 1966. Ergänzungsband, Teil 1, LUMEN GENTIUM, S. 205.

Bei einem Treffen zwischen Monsignore Alberto Ablondi, Bischof von Livorno und damaliger Präsident des Sekretariats für Ökumene und den Dialog der CEI, und dem Oberrabbiner von Rom Elia Toaf beklagte sich der Oberrabbiner über einen fortschreitenden Antisemitismus, der in der Unwissenheit vieler Christen dem Judentum gegenüber begründet läge. Es wäre eine Initiative notwendig, so fügte er hinzu, Christen jüdische Glaubensinhalte und Werte nahezubringen.

Diese Anfrage von Toaf verband Ablondi mit dem Vorschlag von Vingiani, so dass im Jahr der 25. Wiederkehr der Veröffentlichung des Konzilsdokuments ‚Nostra Aetate' im Jahre 1990 die CEI ihre Mitgliedskirchen in Italien zum ersten Mal bat, von nun an den 17. Januar der Vertiefung der Beziehung zwischen römisch-katholischer Kirche und dem jüdischen Volk und der Entwicklung des jüdisch-christlichen Dialogs zu widmen. Ablondi schrieb: ... ‚bevor man über die Möglichkeiten des Dialog und über die notwendige Zusammenarbeit im Blick auf menschliche Werte nachdenke, mögen sich die Christen mit ihrer geistlichen Beziehung zu jenem gemeinsamen (im Judentum liegenden, Anmerkung des Verfassers) Ursprung beschäftigen, zu dem auch die verschiedenen Konzilstexte einlüden.'[31]

Der 17. Januar wurde bewusst gewählt. Es ist der Tag, der der ökumenischen Gebetswoche für die Einheit der Christen vorausgeht und in jedem Jahr weltweit vom 18. bis zum 25. Januar gefeiert wird. So könne die gemeinsame Wurzel zwischen Christen und Juden auch als bedeutsam für den innerkirchlich-ökumenischen Dialog unterstrichen werden.

Die Intention dieses Tages unterstrich Papst Johannes Paul II. mit seinem Besuch am 17. Januar 1990 in der römischen Synagoge. Der Besuch war ein eindrückliches Zeichen dafür, wie Johannes Paul II. meinte, dass nur so die Kirche auf die jüdischen Geschwister zugehen könne. Toaf selbst kommentierte[32] den Besuch des Papstes, dass mit diesem Tage etwas Neues begonnen habe: die Lehre der Verachtung wurde abgeschafft und durch den Tag des Dialogs ersetzt.

Monsignore Giuseppe Chiaretti, der in diesen Jahren amtierende Präsident des Sekretariats für Ökumene und den Dialog, sagte, dieser Tag sei kein Gebetstag, sondern ein Tag der Reflektion über Themen, die von Juden und Christen gemeinsam ausgesucht werden und von beiderseitigem Interesse sind. Christen sollen, indem sie auf das Wort Gottes hören, in die Welt jüdischen Glaubens und jüdischer Kultur eindringen, denn beides sei für Christen so unendlich wichtig und bedeutsam. Giuseppe Laras, damaliger Oberrabbiner der Mailänder jüdischen Gemeinde, begrüßte die Initiative der CEI und hoffte, dass sich Juden und Christen brüderlich in die Augen blicken mögen im Bewusstsein, dass beide, Juden und Christen, von Abraham abstammen. Denn schließlich war es Abraham,

---

[31] Siehe: Avvenire, 16. Januar 1990

[32] Die im Folgenden gesammelten Kommentare sind Mitschriften eines Videobandes, das die CEI in Vorbereitung auf die Vollversammlung in Graz vorbereitete.

der der Welt im Namen des Friedens und der Befriedung einen neuen Weg eröffnet habe.

Monsignore Clemente Riva, damals Weihbischof von Rom hoffte, durch die Feier des 17. Januar zu einer größeren Freundschaft und Brüderlichkeit mit den Juden zu gelangen. Vor allem müsse auch der Gedanke der Versöhnung den 17. Januar begleiten, Erinnerung und Versöhnung angesichts dessen, was den Juden vor allem während des letzten Krieges in Europa widerfahren ist. Denn Erinnern und Versöhnung würde für das Morgen unverzichtbar sein. Darum seien Juden und Christen gemeinsam berufen, die menschliche Würde zu verteidigen.

Dass dieser Tag auf Gemeindeebene und nicht in kirchlichen Gremien und interreligiös besetzten Arbeitsgruppen bedacht werden sollte, wird in jeder Handreichung unterstrichen, die Jahr für Jahr zum 17. Januar von der CEI herausgegeben wird. Denn, so heißt es: dieser Dialog muss nicht nur auf Führungsebenen, sondern in den Ortsgemeinden und in den Schulen vorangetrieben werden, dort wo es zu einem wirklichen Zusammentreffen in Freundschaft kommen sollte.

Die Aufgabe, diese Handreichung der CEI für den 17. Januar auszuarbeiten, kam dann einer kleinen ökumenischen Arbeitsgruppe[33] mit Namen Teschuvà[34] zu, die sich im Rahmen des Sekretariats für Ökumene und den Dialog in der Diözese Mailand zusammenfand. Hier wurden Texte, Dokumente, liturgische Entwürfe und Gebete zusammengestellt[35]. Hierbei fanden neben römisch-katholischen Dokumenten auch die aus europäischem und amerikanischem Raum große Beachtung.

Auf der 2. Europäischen Ökumenischen Versammlung in Graz war es die Aufgabe des neapolitanischen Professors für Dogmatik Monsignore Bruno Forte, einem hervorragenden Kenner jüdischer, ökumenischer, vor allem auch lutherischer Tradition, den Antrag der CEI, den 17. Januar als Tag des Dialogs und der Begegnung mit dem Judentum in allen europäischen Kirchen zu begehen, ins Plenum einzubringen. Er begründete den Antrag auf einem Hearing im Rahmen eines Vortrages ‚Versöhnung ohne Umkehr (teshuvà)? Christliches Selbstverständnis und das jüdische Volk.‘[36] Hier schrieb er: ‘Die zweite Geste (der erste Vorschlag, den die Versammlung sich nicht zu eigen machen konnte, war, dass Christen, wie Juden es tun und wie Jesus es tat, das Tetragramm des Gottesnamens nicht aussprechen sollten[37]) könnte die einladende Bitte an die Kirchen Europas sein, gemeinsam einen ‚Tag des Judentums‘ zu feiern, um vonseiten der Christen die Kenntnis der jüdischen Welt und den Dialog mit dem

---

[33] Der Autor war von 1992 bis 2005 Mitglied dieser Arbeitsgruppe.

[34] teschuvà bedeutet ‚Umkehr‘.

[35] siehe auch im Anhang: Brief an die Delegierten der Zweiten Europäischen Ökumenischen Versammlung vom 23. - 29. Juni 1997 in Graz von der interkonfessionellen Gruppe ‘TESHUVA’, Mailand.

[36] Bruno Forte, Riconciliazione senza „Teshuwah“? L‘ autocoscienza cristiana e il popolo ebraico, in: Il segno 6, 1997

[37] siehe:, ‚Erhebe nicht den Namen des Herrn, deines Gottes, zum Falschen‘, im Anhang.

gegenwärtigen Israel zu vertiefen. Dass die katholische Kirche Italiens für diesen Tag den 17. Januar ausgewählt hat, den Tag, der der Gebetswoche für die Einheit der Christen vorausgeht, drückt in guter Weise auf der einen Seite die Selbständigkeit, auf der anderen Seite die Verbindung zwischen der ökumenischen Sache und der Liebe zu Israel, der ,heiligen Wurzel' aus; und dies in den verschiedenen Formen, also einerseits in der Kenntnisnahme und im Dialog, andererseits im gemeinsamen Gebet.'[38]

Nachdem Forte in der Plenumssitzung den Antrag der CEI eingebracht hatte, meldete sich ein evangelischer Vertreter der deutschen Delegation und wies darauf hin, dass in der evangelischen Kirche Deutschlands seit Jahrzehnten der 10. Sonntag nach Trinitatis als sogenannter ,Israel-Sonntag' zum ,Gedächtnis der Zerstörung Jerusalems'[39] gefeiert wird. Dieser Intervention entsprechend konnte sich die Vollversammlung lediglich auf die Empfehlung einigen, dem Beispiel einiger Kirchen in Italien und Deutschland zu folgen und einen Tages zu bestimmen, der dem Dialog mit dem Judentum und der Begegnung mit dem lebendigen jüdischen Glauben gewidmet ist. So hatte die ,deutsche' Stimme großen Einfluss auf die Abstimmung der Versammlung.

Vergegenwärtigen wir uns der inhaltlichen Ausrichtung des ,Israel-Sonntags': Der 10. Sonntag nach Trinitatis widmet sich heute sich zwei Themen, zum einen dem Thema ,Kirche und Israel' mit der liturgischen Farbe ,grün', zum anderen dem Thema ,Gedenktag zur Zerstörung Jerusalems' mit der liturgischen Farbe (!) ,violett'.

Seit dem Mittelalter[40] feiert die Kirche einen Israel-Sonntag am 10. Sonntag nach Trinitatis und gedenkt dabei an die Zerstörung der beiden Tempel Israels. Da dieser Sonntag in zeitlicher Nähe zum 9. Av des jüdischen Kalenders liegt, an dem das Judentum ebenfalls der Zerstörung des Salomonischen, wie des Herodianischen Tempels gedenkt, liegt die Vermutung nahe, dass die Christenheit mit dem 10. Sonntag nach Trinitatis dem 9. Av eine christliche Interpretation gegenüberstellen wollte. Während Juden zur Erklärung der Katastrophen aus den talmudischen Midraschim verschiedene Ursachen des Unglücks anführen, gab es für die Kirche nur einen Grund: Gott hatte Israel endgültig verlassen und ins Unglück gestürzt, weil es abgelehnt hatte, Jesus als den Messias zu bekennen. Der Israel-Sonntag war darum ein Bußsonntag, denn es galt für die Christen, aus der

---

[38] ,Il secondo gesto potrebbe essere l' invito a tutte le Chiese d' Europa a celebrare unite una „giornata dell' ebraismo", tesa a favorire la conoscenza del mondo ebraico da parte dei cristiani e il dialogo con l' Israele presente. La scelta fatta dalla Chiesa cattolica in Italia di porre questa giornata al 17 gennaio, vigilia della settimana di preghiera per l' unità dei cristiani, esprime bene l' autonomia e il collegamento fra la causa ecumenica e l' amore a Israele, ,radice santa', nella diversità delle forme, che sono appunto conoscenza e dialogo da una parte, preghiera comune dall' altra.'

[39] Diese Unterschrift trägt der 10. Sonntag nach Trinitatis im Liturgischen Kalender der Evangelischen Kirche im Rheinland, siehe: Kirchliches Amtsblatt der Evangelischen Kirche im Rheinland, Nr. 10 vom 21. Oktober 1998.

[40] Vgl. im Folgenden: Schmerz und Annäherung. Handreichung zum Israelsonntag 1997, hrsg. v. Aktion Sühnezeichen Friedensdienste, Berlin 1997, S. 4

Katastrophe für Jerusalem und dem damit verbundenen Schicksal Israels zu lernen.

Eine solche christliche Interpretation der Vorgänge um die Zerstörung der beiden Tempel und Jerusalems ist heute aus theologischen und geschichtlichen Gründen nicht mehr möglich. Denn nicht erst christliches Nachdenken über die Shoah verbietet selbstgerechte, wenn auch zur Buße rufende Geschichtsinterpretation. Vor allem verbietet es eine aufrichtige, vorbehaltlose und kritische Exegese der entsprechenden Texte.

So wird der Israel-Sonntag in der Evangelischen Kirche Deutschlands seit wenigen Jahrzehnten als ‚Einübung verstanden, in Israels Gegenwart zu predigen'[41]. Umfangreiches Material, das heute zB. von der Aktion Sühnezeichen Friedensdienste Predigern und Gemeindekreisen zur Verfügung gestellt wird, dient dazu, sich mit jüdischer Glaubens- und Gebetstradition auseinanderzusetzen. Es ist interessant und sollte Erwähnung finden, dass keine in der EKD beheimatete Arbeitsgruppe solche Entwürfe theologisch vorbereitet oder begleitet, sondern eine aus der Friedensbewegung heraus entstandene und durchaus respektable Organisation. Nach wie vor gibt es wohl trotz verschiedener guter Handreichungen der EKD vonseiten der Kirche Berührungsängste mit diesem Thema.

Wenn man dann noch traditionelle liturgische Entwürfe und Gebete der letzten Jahrzehnte zur Gottesdienstgestaltung zu Hilfe nimmt, ist von einer veränderten hermeneutischen Situation wenig zu spüren. So kommt es vor, um nur drei Bespiele zu nennen, dass der 10. Sonntag nach Trinitatis als Israel-Sonntag schlicht und einfach übergangen[42] wird. Oder man ruft zum Gebet für den Frieden[43] ganz besonders im Nahen Osten, Nordirland und Südafrika auf. Ja, auch für die Wehrdienstleistenden wird gebetet[44]. Ein noch im Jahre 1987 erschienener Band mit Gottesdienstgebeten[45] erinnert im Kirchengebet dieses Sonntags an die Vermessenheit der Menschen, das am Beispiel des Turmbaus zu Babel zu erkennen sei, und schließlich an die Untreue des deutschen Volkes, das im Lauf der Geschichte viel Schuld auf sich geladen hätte. Um welche Schuld es sich dabei handelt, bleibt der Phantasie der mitbetenden Gemeinde überlassen.

Die Erneuerte Agende[46] bezieht sich zumindest in einem der drei vorgeschlagenen Tagesgebete auf das Thema des Israel-Sonntages. Im Teil III. der Erneuerten Agende, der besonderen Tagen und Anlässen gewidmet ist, findet sich kein ausgearbeiteter Liturgievorschläge für den Israel-Sonntag, jedoch ein Vorschlag

---

[41] siehe ebenda, S. 4

[42] siehe: Gebete zur Ergänzung der Agende I der Evangelischen Kirche der Union, Düsseldorf, 1971

[43] siehe: Höre uns, Herr! Neue Kollekten- und Kirchengebete, hrsg. v. Hans Christian Knuth, Gütersloh 1982, S. 111. Nach einem ausführlichen Friedensgebet folgt hier zumindest eine Erwähnung Israels.

[44] siehe Burkhard Heim, Beten im Gottesdienst, Neue Folge, 3. Auflage, Konstanz 1981, S. 116f

[45] siehe Peter Helbich, Gottesdienstgebete zum Kirchenjahr, Gütersloh 1987.

[46] Siehe Erneuerte Agende, Vorentwurf, Bielefeld 1990, S. 279

für einen Gottesdienst zum Thema Christen und Juden, der aber in weiten Teilen dringender theologischer Überarbeitung bedarf[47].

Hier kann leider nicht ausführlicher auf weitere liturgische Beispiele zum Israel-Sonntag eingegangen werden. Aber allein diese kleine Sammlung macht deutlich, dass sich in der Hermeneutik des Israel-Sonntags wenig, oft gar nichts verändert hat oder sich gar die Intention vollkommen verändert hat, so dass hier dringender Handlungsbedarf besteht, wenn der Einspruch aus der deutschen Delegation in Graz in irgendeiner Weise gerechtfertigt gewesen wäre. Aber das Veto der deutschen Delegation ist auch aus anderem Grund unverständlich. Denn die Tatsache, dass es im liturgischen Kalender einen ‚Israel-Sonntag' gibt, reicht noch lange nicht aus, um dem von der CEI vorgetragenen Anliegen gerecht zu werden. Man könnte im Nachhinein denken, dass die evangelische Delegation in Graz den Vorschlag der CEI in ihrer eigentlichen Intention nicht verstanden hatte. Aber vielleicht wollte man sich auch keiner Überlegung aus dem Kernland des römischen Katholizismus anschließen, denn schließlich wollte kein Delegierter aus dem Kernland der Reformation das Gesicht verlieren. Auf alle Fälle war die Verweigerung ein weiteres Mal der bewussten Ignoranz geschuldet, sich näher mit Fragen des Judentums und der jüdischen Wurzel des Christentums auf Gemeindeebene zu beschäftigen.

Denn es könnte auf ein großes Dilemma der Kirche hinauslaufen, wenn das Studium des Judentums grundsätzlich und nicht nur als Alttestamentliche Wissenschaft betrieben würde. Es könnte zu einer Bekenntnisfrage werden.

In der Liturgie der römisch-katholischen Kirche Deutschlands war und ist ein solcher Tag, der der vertieften Kenntnis des Judentums gewidmet wäre, nicht vorgesehen.

Denn hier liegen die Gräben noch tiefer, was kurz anhand der Diskussion um die sog. ‚Karfreitagsbitte' erläutert werden soll:

‚Die Karfreitagsfürbitte für die Juden ist eine der Großen Fürbitten in der Karfreitagsliturgie nach dem römischen Ritus, den die römischen Katholiken, Altkatholiken und manche Anglikaner verwenden. Sie entstand im 6. Jahrhundert, nannte die Juden seit 750 ‚perfidis' („treulos"), ihren Glauben ‚iudaica perfidia' („jüdische Treulosigkeit") und bat Gott darum, den „Schleier von ihren Herzen" wegzunehmen, ihnen die Erkenntnis Jesu Christi zu schenken und so der „Verblendung ihres Volkes" und „Finsternis" zu entreißen. Seit 800 erhielt sie zudem besondere Merkmale: Nur bei dieser Fürbitte sollten die Beter nicht niederknien und

[47] als Beispiel sei nur eine Fürbitte angeführt: ‚... dass Israel Jesus als seinen Messias erkennen und gemeinsam mit allen Gläubigen den einen Gott anbeten und in dieser Welt bezeugen kann...'
Im Jahre 1995 ist ein sehr schönes Heft mit dem Titel ‚Lobe mit Abrahams Samen'. Israel im evangelischen Gottesdienst. Eine Arbeitshilfe, hrgs. V. Reinhard Buschbeck u. a., Heppenheim, Wolfsburg erschienen. In diesem Heft haben die AutorInnen erfolgreich versucht, sich mit den Texten der Erneuerten Agende auseinanderzusetzen und ihrerseits liturgische Vorschläge für Gottesdienste zu entwerfen, die in der Gegenwart Israels vertretbar sind.

kein Amen sprechen. 1570 legte Papst Pius V. diese Fassung fest, die bis 1956 unverändert gültig blieb. Historikern gilt sie als Ausdruck eines christlichen Antijudaismus, der auch den Antisemitismus befördert habe.

Kritik an der traditionellen Judenfürbitte fand erst nach der Shoah Gehör. Seit 1956 veränderte der Vatikan sie schrittweise bis zu ihrer Fassung von 1970. Diese betont Israels Erwählung zum Gottesvolk und bittet nicht um Erkenntnis Christi, sondern um Treue der Juden zu Gottes Bund und Liebe zu seinem Namen, erkennt also das Judentum an. Seit 1984 ist auch eine lateinische Ausnahmefassung nach der Liturgie von 1962 möglich. Papst Benedikt XVI. erleichterte 2007 deren Anwendung, um katholischen Traditionalisten entgegenzukommen. 2008 formulierte er diese Fassung neu: Der Einleitungssatz bittet um Erleuchtung der Juden zur Erkenntnis Christi, „des Retters aller Menschen". Dies rief anhaltende Proteste und Störungen im katholisch-jüdischen Dialog hervor.'

Es wäre nicht nur gut, sondern für das Selbstverständnis der Kirchen wesentlich, wenn auch in deutschsprachigem Raum noch einmal über die Möglichkeit nachgedacht würde, den 17. Januar gemeinsam der Vertiefung der Kenntnis jüdischer Tradition und dem Dialog mit dem heutigen Israel zu feiern. Denn dieser Tag könnte zum einen die ökumenische Perspektive der Erwählung Israels beleuchten, zum anderen der innerkirchlichen Ökumene neue Impulse verleihen.

2. Die ökumenische Perspektive der Erwählung Israels

Die ökumenische Perspektive der Erwählung Israels möchte ich mit Hilfe der Bundestheologie des Rabbiners Leo Baecks[48] deutlich machen. Baeck[49] spricht von dem einen Bund, den Gott bei der Schöpfung mit der gesamten Menschheit geschlossen und dem Menschen so mittels dieses Bundes Würde, Hoheit, Heiligkeit, vor allem Gottesebenbildlichkeit geschenkt hat. ‚... alles ist von Einem her und zu Einem hin, es besteht ein Gesetz, das der eine Gott aufgerichtet hat. Er hat es aufgerichtet in der Welt und in der Menschheit. Es besteht der Bund, der Bund des einen Gottes, mit dem All und mit den Geschlechtern der Menschen; nichts ist außer dem Bunde, nichts ohne ihn.'[50]. Dieser eine von Gott nie gekündigte Bund mit dem Menschen und somit der Menschheit wurde im Noahbund erneuert, konkretisiert und aktualisiert. Im Rahmen dieses für die gesamte Menschheit geltenden Bundes wusste das Volk Israel immer ein Dreifaches[51]: Es wusste um seinen Ursprung, der sich wie der aller Völker in der Schöpfung festmachte. Baeck schreibt: ‚In einem Bunde, der alle Völker in sich

[48] Rabbiner in Berlin, lebte von 1873 bis 1956, siehe auch: Holger Banse, Begegnungen mit Martin Buber, Franz Rosenzweig und Leo Baeck, 2014.
[49] Siehe vor allem: Leo Baeck: Das Wesen des Judentums, Wiesbaden, 6. Auflage 1995, und ders., Dieses Volk. Jüdische Existenz. Hrsg. v. Albert H. Friedlander und Bertold Klappert, Gütersloh 1996.
[50] Baeck, Volk. S. 42f.
[51] ebenda, S. 79.

schließt, ihnen allen gilt, steht dieses Volk auf Erden.'[52] Es wusste um seinen Anfang, der sich in der Herausführung aus Ägypten ereignete und Israel aus der Anonymität der Völker zu einem geschichtlichen Volk werden lässt. Und schließlich wusste Israel um seine Sendung, der die Erwählung am Sinai vorausgeht. Aus den vielen Völkern, die ihre ihnen von Gott geschenkte Einmaligkeit, ihren besonderen Ursprung, ihr Aufgehoben-Sein im Schöpfungsbund, ihr von Gott Angesprochen- und Aufgefordert-Sein, und somit Gott selbst vergessen hatten, wird Israel erwählt, um die Welt der Völker an ihren Ursprung, an ihr von Gott Geschaffen-Sein, an ihre Gottesebenbildlichkeit und damit an Gott selbst zu erinnern. Diese Sendung, diese Mission, dieser Beruf Israels findet dann seine Erfüllung, wenn der Name Gottes bis an die Enden der Welt bekannt gemacht würde, wenn die Völker der Welt in der einen Religion zusammenkommen, in dem einen Heil, das der ganzen Menschheit verheißen ist. Darum sagt Baeck: ‚Die Weltreligion steht in der Religion des Judentums.'[53] Die Erwählung Israels hat somit von Anfang an eine ökumenische Perspektive, weil sie von Anfang an auf die gesamte Menschheit bezogen ist. Denn dem e i n e n Gott kann nur die e i n e Religion in der e i n e n Menschheit entsprechen.

Aber nicht nur die Erwählung Israels hat ihren ökumenischen Bezug, sondern im Grunde die Religion Israels selbst, denn in ihr ist nicht nur die Offenbarung und die Wahrheit Gottes in besonderer Weise bewahrt worden, die ursprünglich allen Völkern gegeben waren, sondern in ihr sind auch Ziel und Erfüllung der Religion, der Beziehung Gott-Mensch enthalten. So kann Baeck sagen, dass die Religion Israels, die vor sich die Zukunft der Menschheit als die Vollendung ihres eigenen Weges erblickt, zur Weltreligion wird.[54]

Vielleicht dachte der deutsche Jesuit Kardinal Augustin Bea Ähnliches. Bea beeinflusste nachdrücklich und intensiv die Formulierung des Textes von ‚Nostra Aetate'. So ist es der Frucht seiner Arbeit zu verdanken, dass in diesem Text ausdrücklich unterstrichen wird, dass Christen sich zur jüdischen Wurzel bekennen müssten. Gleichfalls wird die bleibende Erwählung Israels betont. Bea[55], der von den aus dem Judentum stammenden Konzilsberatern Gregory Baum und Johannes M. Österreicher unterstützt wurde, wollte diesen Text den Konzilstexten über die Ökumene eingliedern, was ihm leider nicht gelang. Für Bea wäre die Ökumene erst dann vollständig, wenn sie das erwählte Volk Israel mit einschlösse.

Dies erkannte auch Karl Barth[56], als er anlässlich seiner Reise nach Rom im September 1966 bedauerte, dass Israel nicht ausdrücklich in die Ökumene mit

---

[52] Ebenda, S. 39.
[53] Ebenda, S. 68.
[54] Ebenda, S. 67.
[55] Vgl. Schalom Ben-Chorin, Die Erwählung Israels, München 1993, S. 76.
[56] Karl Barth ist ein bedeutender Schweizer Theologe und Dogmatiker. Er lebte von 1886 bis 1968. Über ein halbes Jahrhundert hat er die systematische Theologie mit seiner Dogmatik dominiert. Bis heute reicht sein

einbezogen sei, denn seiner Meinung nach gäbe es nur ein wirkliches ökumenisches Problem, nämlich die Trennung zwischen Kirche und Synagoge, zwischen Christen und Juden.

Mit dem Vorgenannten soll nun nicht der Eindruck erweckt werden, Ökumene solle als Rückführung oder Reduktion aller monotheistisch-religiöser Traditionen und Bekenntnisse auf die Religion Israels verstanden werden. Dies würde auch den Gedanken Baecks nicht entsprechen. Es geht Baeck auch weniger um die Religion Israels, sondern um Offenbarung, um Schöpfung, um Torah, also um den Bund, die Religion, mit der Gott sich bei der Schöpfung an die Menschen und der Mensch sich an Gott gebunden hat.

Baeck meinte, es könne nicht ‚den Verlust des Heils bedingen, wenn das Schicksal der Geburt den Menschen in einen anderen Kreis des Bekenntnisses hineingestellt hat... Immer mehr wird der Gegensatz zwischen Gottesfürchtigen und Gottlosen maßgebend sein, er lässt jede andere Scheidung zurücktreten. [57] Oder mit anderen Worten Baecks ausgedrückt: ‚In dem sogenannten Zufall der Geburt werden gleichsam die vielen Stimmen des Bundes vernehmbar, alle die besonderen und eben darum verbindenden Aufgaben sprechen hier...‘[58] Nicht Vereinheitlichung, sondern Symphonie, Zusammenklang der verschiedenen Stimmen des einen Bundes wäre die ökumenische Perspektive, die die Erwählung Israels beinhaltet, wobei aus dem reichen Schatz der Religion Israels, die die im Schöpfungsbund schon erklungenen Töne ursprünglicher und getreuer bewahrt hat, die tragende Melodie, das Thema vorgegeben wäre.

3. Der 17. Januar als Schritt auf dem Weg zur Einheit der Kirche im Spiegel jüdischer Tradition

Eine der wenigen innerkirchlich-ökumenischen Äußerungen, die den Dialog mit dem Judentum in ihr Denken mit einbezieht, ist in dem Papier[59] ‚Die Kirche Jesu Christi. Der reformatorische Beitrag zum ökumenischen Dialog über die kirchliche Einheit‘ zu finden, das auf der Vollversammlung der Leuenberger Kirchengemeinschaft[60] im Jahre 1994 in Wien erarbeitet und verabschiedet wurde.
Unter dem Punkt: ‚Die Gemeinschaft der Heiligen in der Gesellschaft der Gegenwart‘ wird über die ‚Kirche im Dialog‘ nachgedacht und widmet ihren

Einfluss in die theologischen Fakultäten und Bibliotheken der Pfarrer und Pfarrerinnen. Siehe aber auch Kapitel: Beispiele christlich-jüdischer Studien auf akademischer Ebene, hier: Biblische Radikalitäten, S.

[57] Baeck, Wesen, S. 69.

[58] Baeck, Volk, S. 74.

[59] Siehe: epd-Dokumentation, 25 / 94.

[60] Die Mitgliedskirchen haben 1973 im Tagungshaus Leuenberg bei Basel mit der Leuenberger Konkordie Kanzel- und Abendmahlsgemeinschaft erklärt und sich zur gemeinsamen Verwirklichung von Zeugnis und Dienst verpflichtet. Der Name der Kirchengemeinschaft lautete daher zunächst Leuenberger Kirchengemeinschaft. Auf ihrer Tagung Ende Oktober/Anfang November 2003 nahm die Gemeinschaft ihren gegenwärtigen Namen ‚Gemeinschaft Evangelischer Kirchen in Europa‘, GEKE an.

ersten Punkt dem Dialog mit dem Judentum. Hier wird kurz das Verhältnis von Christentum und Judentum im Spiegel der Geschichte dargestellt und positiv neu bestimmt. Wir lesen in einem der Schlusssätze dieses Abschnittes: ‚Die kritische und konstruktive Unterstützung (von Schwesterkirchen, für die die Begegnung von Juden und Christen zum Alltag ihres gesellschaftlichen und kirchlichen Lebens gehört und die nicht an Judenverfolgungen beteiligt waren. Anm. des Verfassers) in der Bearbeitung des Verhältnisses von Kirche und Judentum in den einzelnen Kirchen kann zu einem wichtigen Element der Kirchengemeinschaft reformatorischer Kirchen werden.‘[61]

Erst im Folgenden behandelt das Leuenberger Kirchenpapier das Verhältnis der Kirchen zu anderen Religionen, um deutlich zu machen, dass das Verhältnis der Kirche zu Israel ein qualitativ und fundamental anderes ist als das Verhältnis der Kirchen zu anderen Religionen.

Auch wenn das Papier von der Kirche als Volk Gottes spricht[62], was aus sehr verschiedenen Gründen sehr fragwürdig ist, fehlt ihm nicht der Hinweis auf den untrennbaren Zusammenhang mit der Erwählung Israels als Volk Gottes und ergänzt, dass diese an Israel ergangene Verheißung mit dem Christusgeschehen nicht hinfällig geworden ist, denn Gottes Treue hält an ihr fest.

Das eben erwähnte Papier ist eine der wenigen Ausnahmen einer konstruktiven Erwähnung Israels. Ansonsten ist es ist wohl nicht übertrieben zu behaupten, dass die innerkirchliche Ökumene im Großen und Ganzen, zumindest auf der Ebene der Landeskirchen und Diözesen und darunter, Israel nicht in ihrem Blickwinkel hat, also israelvergessen ist.

Lesen wir zum Beispiel die Auflistung der Themen der ökumenischen Gebetswoche für Einheit der Christen, die gemeinsam von der Kommission ‚Glaube und Kirchenverfassung‘ des Ökumenischen Rates der Kirchen und dem Päpstlichen Rat zur Förderung der Einheit der Christen vorgeschlagen werden, so finden wir hier keinen direkten oder indirekten Israelbezug. Die biblischen Texte, auf die sich die vorgeschlagenen Themen beziehen, weisen seit 1968 lediglich vier Mal einen alttestamentlichen Text auf (1982: Psalm 84. ‚Damit alle in Dir ihr Zuhause finden mögen, Herr‘; 1991: Psalm 117 in Verbindung mit Römer 15, 5-13. ‚Lobt den Herrn alle Völker‘, 2018: Deine rechte Hand, Herr, ist herrlich an Stärke, 2. Mose 15, 6, 2019: Gerechtigkeit, Gerechtigkeit, ihr sollst du nachjagen, 5. Mose 16, 20a). Aber es findet sich in den Texten der erwähnten Jahrgänge kein Rückbezug auf die Wurzel Israel.

Die Kirchen bestimmen hin und wieder ihr theologisches Verhältnis zum Judentum auch mit Hilfe des Ölbaumgleichnisses des Paulus (Römer 11, 17ff). In diesem paulinischen Gleichnis wird deutlich, dass die Kirche als Ganze in den

---

[61] Ebenda, S. 31f.

[62] ebenda, S. 21.

einen Ölbaum, Israel, eingepfropft ist, und aus seinem Stamm heraus, aus seiner Wurzel heraus Kraft und Leben bezieht.

Es lohnte, den ökumenischen Inhalt dieses paulinischen Gedankens ausführlicher zu meditieren, denn Paulus spricht hier, wenn auch unbewusst von der auch innerkirchlich-ökumenischen Perspektive des Judentums. Die Einheit der Kirche ist also schon gleichnishaft im Stamm des Ölbaums abgebildet und darum der Kirche vorgegeben. Auch das oben schon erwähnte Leuenberger Kirchenpapier spricht von der Einheit der Kirche als in ihrem Ursprung schon begründet[63] und der Kirche vorgegeben und darum nicht erst ein von Christen und Kirchen durch ihr Handeln noch zu verwirklichendes Ideal. Ökumenische Arbeit bestünde also darin, die ihr von Gott geschenkte und vorgegebene Einheit sichtbar zu machen und Zeugnis davon zu geben.

All dies unterstreicht die auch ökumenische Bedeutung des 17. Januar und die theologische Verknüpfung mit der Ökumenischen Gebetswoche für die Einheit der Christen. Mit der Widmung dieses Tages zum Dialog und zur Begegnung mit dem Judentum, bevor dann anderntags die ökumenische Gebetswoche beginnt, würde nicht nur ein wichtiges, nicht zu überhörendes Signal an die Kirchen Europas gesandt, ihre ökumenische Arbeit einmal im Spiegel jüdischer Tradition zu überdenken. Ein weiteres wichtiges Zeichen würde auch an Israel gegeben. Den Kirchen selbst könnte ein wichtiger Schritt auf dem Weg zur innerkirchlichen Einheit gelingen, der auch festgefahrene Gespräche, die die sichtbare Einheit behindern, wieder in Bewegung setzte.

Ökumenische Arbeit in der Rückbesinnung auf jüdische Tradition müsste die Vielschichtigkeit neutestamentlicher Theologie durchleuchten und die einzelnen Schichten nach ihrer philosophisch-theologischen Herkunft befragen. Hier käme einer ökumenischen Textexegese eine besondere Aufgabe zu. Denn nicht alles, was neutestamentliche Theologie und neutestamentliches Bekenntnis zu Jesus, dem Christus, zum Inhalt hat, hat Kraft und Saft aus jüdischer Tradition, also aus dem Ölbaum Israel gezogen. Auch bedarf es eines exegetischen Studiums und Aufarbeitung der altkirchlichen Bekenntnisse, die maßgeblich die Trennung zwischen Kirche und Synagoge, Christen und Juden vorangetrieben haben.

So stellen sich im Spiegel jüdischer Tradition zum Beispiel die Fragen nach Gott, nach der Trinität, nach der Christologie, nach der Rechtfertigung, nach der Mariologie, nach der Eucharistie, nach der Taufe, nach dem Amt des Priesters, dem des Papstes einfach anders, als wenn man sie rein neutestamentlich, altkirchlich und dogmengeschichtlich zu beantworten suchte.

Sicher, bei der Untersuchung dieser oder ähnlicher Fragen in Bezug auf jüdische Tradition könnte, ja würde herauskommen, dass oftmals Traditionen aus nichtjüdisch-religiöser Gedankenwelt in die neutestamentlichen Schriften

---

[63] Ebenda, S. 14.

Eingang gefunden haben. Oder es waren machtpolitische Interessen, die in der alten Kirche zu dogmatischen Entscheidungen führten, und diese in Dogmen zementierte. So hatten sie nicht nur zur Trennung von Christen und Juden zur Folge, sondern auch über die Jahrhunderte hinweg Spaltungen zwischen den Kirchen.

Das Bewusstwerden und das Eingeständnis dieser Tatsache würde vielleicht so manches ‚ökumenische Problem' relativieren und zur Neubesinnung führen, zumal wenn die existenzielle Wichtigkeit des Sein und Bleibens der Kirche als eingepfropfter Zweig am Ölbaum Israel erkannt und deutlich würde.

Einige Beispiele mögen den veränderten Blickwinkel ökumenischer Fragen beleuchten, wenn sie auf dem Hintergrund jüdischer Traditionen neu gestellt würden:

Der Bilderstreit zwischen Ost- und Westkirche, der die letzten Jahrhunderte des ersten christlichen Jahrtausends begleitete, missachtete das im 2. Gebot des Dekalogs formulierte Bilderverbot. Noch heute fehlt das Bilderverbot als 2. Gebot sowohl im römisch-katholischen, wie auch im lutherischen Katechismus. Da es theologisch nicht ins System passte, wurde es einfach gestrichen, und, damit es wieder zur Zehnzahl (Dekalog) kommen musste, wurde das letzte Gebot, da ohnehin zu lang, einfach in zwei geteilt.

So gilt auch hier: Was nicht sein darf, das kann nicht sein. ... und darum widerspricht das Bekenntnis dem biblischen Befund.

Das Abendmahl, das Jesus mit seinen Jüngern feierte, erinnerte als Sedermahl die Feiernden an den Auszug des Volkes Israel aus Ägypten. Nicht ein einziger neutestamentlicher Bericht reflektiert über Transsubstantiation oder Konsubstantiation. Das Johannesevangelium, das weniger der jüdischen Tradition verpflichtet ist, verschweigt den Abendmahlsbericht der Synoptiker ganz, ersetzt das Abendmahl durch die Fußwaschung und erinnert an einen wichtigen orientalischen Brauch. Auch hier ein Dilemma: denn auf der einen Seite gibt die römisch-katholische Kirche dem Johannesevangelium den Vorzug vor den Synoptikern, auch wenn Johannes keinen Abendmahlsbericht vorlegt. Auf der anderen Seite jedoch ist die Eucharistie im Zusammenhang mit Beichte und Amt der Gegenstand, mit dem die römisch-katholische Kirche zu stehen und fallen scheint. Sie mag auf Paulus verweisen, aber auch Paulus beruft sich bei seinen Abendmahlsworten auf die Worte Jesu, denn er sagt nur das, was er selbst erfahren hat.

Wie würde sich die Frage nach der Rechtfertigung des Menschen vor Gott beantworten, wenn sie stärker von der Thora[64] und von den Propheten her interpretiert würde?

[64] Baeck beschreibt die Thora als im Bund Gottes mit den Menschen begründet, sie ist Offenbarung, Einwohnung Gottes in dieser Welt, ja Gegenwart Gottes selbst.

Die Frage der ‚Gottesmutter' Maria wird sich schwerlich auf jüdische Tradition zurückführen lassen, es sei denn man geht in der Religionsgeschichte sehr weit zurück bis man auf die Reste der Gottesmütter[65] im alten Orient stößt, die auch im Alten Testament nachhaltige Spuren hinterlassen haben. In erster Linie haben hier Vorstellungen des griechischen Götterpantheons, germanisch-heidnische Gedanken und anderes mehr deutliche Spuren hinterlassen.

Diese wenigen Beispiele zeigen zur Genüge, dass ein neues Nachdenken über ökumenische Fragen auf der Grundlage jüdischer Tradition zu interessanten und Wege öffnenden Aspekten führen würde.

Auch unter diesem Gedanken ist die Praxis der römisch-katholischen Kirchen im Raum der CEI wegweisend und in Graz zurecht als Antrag an die Kirchen Europas auf die Tagesordnung gelangt und entsprechend gewürdigt worden. Die Feier des 17. Januar als Begegnung mit jüdischer Tradition und jüdischen Menschen am Vortag des Beginns der Ökumenischen Gebetswoche für die Einheit der Christen könnte und würde das ökumenische Nachdenken anregen und fördern.

Leider jedoch ist der Beschluss von Graz in den Kirchen Europas, so auch in den Kirchen Deutschlands in Vergessenheit geraten. Im innerkirchlich-ökumenischen Dialog treten alle auf der Stelle und Worte zur Beziehung der Christen zum Judentum gibt es inzwischen eine ganze Reihe, aber bleiben wohl gemeinte, aber doch nur Worte. Sie finden noch nicht einmal mit ganz wenigen Ausnahmen in den Beratungen von Kirchenleitungen oder gar in den Gesprächen auf Gemeindeebene ein ihnen gebührendes Echo. Eine der wenigen Ausnahmen stellt der wegweisende Rheinische Synodalbeschluss ‚Zur Erneuerung des Verhältnisses von Christen und Juden'[66] vom 11. Januar 1980 dar, der teilweise in die Präambel der Rheinischen Kirchenordnung Eingang gefunden hat, auf die alle Pfarrer und Pfarrerinnen ordiniert werden. Aber Konsequenzen für deren Studium oder deren Arbeit in den Gemeinden hat dies keine spürbare.

Warum auch die feste Burg verlassen und sich auf Neues einlassen? Denn was würde aus dem Jahrhunderte gepflegten jeweiligen Selbstverständnis werden, wenn wir uns nicht mehr anderen Religionen oder Konfessionen gegenüber abgrenzen könnten?

Der jüdische Philosoph und Theologe Martin Buber und mit ihm einige seiner Zeitgenossen meinten, dass ich nur durch das ‚Du' des anderen zu einer Person, d. h. zu einem ‚Ich' werde. Der andere, die andere, das ‚Du' des anderen, der anderen macht mich zu einem ‚Ich'.

---

[65] Vgl. hier den Sammelband: Der eine Gott und die Göttin. Gottesvorstellungen des biblischen Israel im Horizont feministischer Theologie, hrsg. v. Marie-Therese Wacker und Erich Zenger, Freiburg, Basel, Wien 1991

[66] Text siehe im Anhang.

Dazu muss ich den anderen als ‚Du‘ akzeptieren, als den anderen, der mir zu meinem ‚Ich‘ verhilft, der existenziell und wesenhaft mein ‚Ich‘ definiert. Ohne den anderen entbehre ich selbst meines Wesens, meines ‚Ichs‘.

Bonhoeffer sagte einmal: ‚Kirche ist Kirche nur dann, wenn sie für andere da ist.‘ Ich möchte diesen Gedanken für unser Thema ergänzen: Kirche ist Kirche nur durch die anderen, die ebenfalls gemeinsam mit ihr den Weg zu Gott suchen, ist sie nur gemeinsam mit Israel, wenn sie sich gemeinsam mit Israel auf den Weg macht und immer wieder neue Wegbegleiter findet und für sie offen ist und bleibt.

Zeit zur Neuverpflichtung. Die 12 Berliner Thesen

1. Vorbemerkung

Juden und Christen sind unter den Weltreligionen durch eine einzigartige und nicht vergleichbare Beziehung miteinander verbunden:

- Für Juden und Christen sind die Texte des biblischen Israel Heilige Schrift, auch wenn sie diese auf unterschiedliche Weise deuten.
- Juden und Christen teilen viele religiöse und ethische Grundsätze, auch wenn sie einige gemeinsame Begriffe unterschiedlich verstehen.
- Juden und Christen erwarten für die Welt ein ähnliches Schicksal in einem messianischen Zeitalter, auch wenn sie das Kommen dieses Zeitalters unterschiedlich vorstellen.
- Juden und Christen haben sich gegenseitig in ihren religiösen Vorstellungen und Bräuchen beeinflusst.

Christen sind mit Juden auf einzigartige Weise verbunden, weil Jesus als Jude geboren wurde, als Jude gelebt hat und als Jude gestorben ist. Die Jünger, die ersten Christen, Paulus waren Juden. Und erst Jahrhunderte nach dem Tode Jesu haben sich Judentum und Christentum in einem jahrzehntelangen Prozess, der sich an verschiedenen Orten auf unterschiedliche Weise vollzog, endgültig voneinander getrennt.

Über viele Jahrhunderte besuchten sog. Heidenchristen weiterhin die Synagogen und nahmen an jüdischen Festen teil.

Die sog. Substitutions- oder Enterbungstheologie, nach der mit den lateinischen Kirchenvätern die Kirche als das neue Gottesvolk und als das wahre Israel, Israel ersetzt haben sollte, begann, einen tiefen Graben zwischen Juden und Christen zu ziehen. Christliche Lehrer wie Johannes Chrysostomos (ca. 350-407) beklagten die starke Anziehungskraft der Synagoge auf Christen und richteten deshalb vernichtende Schriften gegen die Juden. Juden verstünden das Alte Testament nicht und das Judentum der Rabbinen sei ein Irrtum. Augustinus von Hippo (354-430) verstand die Zerstreuung und Erniedrigung der Juden als Strafe Gottes dafür, dass sie Jesus nicht als den Messias anerkannt, ja ihn sogar gekreuzigt hätten. Römische Gesetzesbücher, wie der Codex Justinianus, begannen die Rechte jüdischer Bürger auszuhöhlen. Erst im 6. Jahrhundert hatten sich Judentum und Christentum vollständig voneinander getrennt. Jüdische Formen des Christentums hatten zu bestehen aufgehört.

Vertreibungen und antijüdische Aktivitäten in Westeuropa kennzeichneten das Spätmittelalter. Die Kreuzzüge (ab 1096) zerstörten zahlreiche jüdische Gemeinden. Papst Gregor IX. und die Inquisition ließen Tausende von jüdischen

Büchern verbrennen (Paris 1242). Das vierte Laterankonzil (1215) verlangte, dass Juden ein sie kennzeichnendes Abzeichen tragen mussten. Im 16. Jahrhundert waren Juden aus einem großen Teil Westeuropas vertrieben worden, seit 1555 in einigen Städten, wie in Rom, Venedig und Prag, in Ghettos eingeschlossen. Der Humanismus besserte für kurze Zeit die Situation der Juden, mit dem Buch Luthers ‚Von den Juden und ihren Lügen' fiel die Gesellschaft jedoch wieder in ihre alten antijüdischen Angriffe zurück.

Erst im 19. Jahrhundert durften die Juden ihre Ghettos verlassen und begannen, sich in die herrschende europäische Gesellschaft zu integrieren. Mit dem Interesse am ‚historischen Jesus' wuchs in der Theologie auch das Interesse am Judentum. Erste Gespräche zwischen Juden und Christen begannen, jedoch mit unterschiedlichen Zielsetzungen: Juden wollten ihre Situation in der Gesellschaft verbessern und strebten nach Bürgerrechten. Christen wollten Juden zur Taufe bewegen. Parallel dazu entstand ein immer stärker werdender Antisemitismus. Pseudowissenschaftliche Rassentheorien versuchten zu beweisen, dass die arische Rasse allen anderen, vor allem gegenüber der jüdischen überlegen sei. Politiker, begleitet und unterstützt durch alte antijüdische Ressentiments der Kirchen, begannen auf dieser antisemitischen Welle zu reiten. Es folgten staatlich geförderte Verfolgungen in vielen Teilen Europas. Die staatlich angeordnete und durchgeführte Vernichtung der europäischen Judenheit, für die der Begriff ‚Shoah' maßgeblich wurde, bildete hierfür den Gott und Menschen verachtenden Abschluss.

2. Der Internationale Rat von Christen und Juden

Um die Wende vom 19. zum 20. Jahrhundert begannen jüdische Gelehrte vor allem aus dem Reformjudentum sich mit christlicher Theologie zu beschäftigen. Abraham Geiger (1810-1874)[67] stellte Jesus in den Kontext des Judentums des 1. Jahrhunderts. Hermann Cohen (1842-1918) verfasste ausführliche Kritiken zum Christentum. Franz Rosenzweig (1886-1929) entwarf die Lehre der zwei Bundesschlüsse. Martin Buber (1875-1965) sprach von den zwei Glaubensweisen. Claude Montefiore (1858-1938) und Joseph Klausner (1874-1958) sind hier zu erwähnen. Auf christlicher Seite waren es Léon Bloy (1846-1917), Joseph Bonsirven (1880-1958), Herbert Danby (1889-1953), Robert Travers Herford (1860-1950), Carles Jornet (1891-1945) und Jacques Maritain (1882-1973) die ausführlich über den Talmud, den Midrasch und die Mischna schrieben. Ihre Forschung forderte die Christen dazu heraus, das rabbinische Judentum zu würdigen und Zerrbilder der Pharisäer zu beseitigen. 1930 machte der anglikanische Geistliche James Parkes auf die Gefahren des Nationalsozialismus

[67] vgl. das nachfolgende Kapitel: Abraham Geigers Jesusbild.

aufmerksam. In seinem Buch ,The Conflict of Church and Synagogue: A Study of the Origins of Antisemitism' machte er den über Jahrhunderte herrschenden Antijudaismus christlicher Lehre für den zeitgenössischen Antisemitismus verantwortlich. 1893 kam in Chicago ein Parlament der Weltreligionen zusammen. Seit ihren Anfängen im Jahre 1904 hatte die London Society for the Study of Religions auch jüdische Mitglieder. 1927 wurde die London Society of Jews and Christians gegründet. 1936 entstand der World Congress of Faiths, dem Mitglieder aller Religionen angehörten. 1928 gründete sich in den USA die National Conference of Christians and Jews gemeinsam aus Juden und römisch-katholischen und protestantischen Christen, die von 1940 bis heute zu einer jährlichen ,Woche der Brüderlichkeit' einlädt. In der Bedrohung der Juden durch Nazideutschland berief der Erzbischof von Canterbury im März 1942 einen Council of Christians and Jews ins Leben, der sich zur Aufgabe machte, alle Formen rassischer und religiöser Intoleranz zu bekämpfen.

Nach Ende des 2. Weltkriegs wurde das Ausmaß der Shoah bekannt, nämlich die Ermordung von zwei Dritteln der europäischen Judenheit. Das war ein Drittel der jüdischen Gemeinschaft weltweit. Es war der Franzose Jules Isaac[68], der die Zusammenhänge zwischen dem Antijudaismus der christlichen Theologie und dem rassenbiologischen Antisemitismus in verschiedenen Veröffentlichungen untersuchte.

William Simpson, ein methodistischer Geistlicher, Sekretär des Council of Christians und Jews, und andere erkannten, dass ein neues Verhältnis zwischen Juden und Christen auf internationaler Ebene aufgebaut werden müsse.

Hierzu fand 1946 eine Konferenz in Oxford statt. Dekan Heinrich Gruber aus Berlin und Hermann Maas aus Heidelberg nahmen dank einer Sondergenehmigung an dieser Konferenz teil. Einer ihrer Redner war Leo Baeck.

Die Konferenz beschloss, dass sobald als möglich zur Frage des Antisemitismus ein Treffen stattfinden solle. Dies fand 1947 in Seelisberg statt.

Diese Dringlichkeitskonferenz in Seelisberg rief zur Gründung eines Internationalen Rates der Christen und Juden auf. Obwohl ein Statut beschlossen und Büros in Genf und London eingerichtet wurden, blieb eine offizielle Gründung des Rates aus und konnte seine Arbeit nicht beginnen. Denn aus Amerika wurden kritische Stimmen laut, die meinten, ein solcher Rat beschäftige sich lediglich mit religiösen Fragen. Der Vatikan erließ 1950 eine Anweisung, Katholiken sollten nicht mit einem solchen Rat zusammenarbeiten, da sein Programm sehr indifferent sei und alle Religionen für gleich gültig halte.

Die Haltung des Vatikans änderte sich erst mit dem oben erwähnten Konzilsdokument ,Nostra Aetate'.

[68] Siehe vorangehendes Kapitel: Die Bedeutung des 17. Januar in seiner ökumenischen Perspektive

Seit Mitte der 1950er Jahre aber arbeitete eine wachsende Anzahl von christlich-jüdischen Dialoggruppen sehr intensiv zusammen, die ersten Jüdisch-Christlichen Gesellschaften waren inzwischen auch in Europa gegründet, sodass es 26 Jahre nach der ersten Erwähnung in Seelisberg zur Gründung des International Council of Christians and Jews (ICCJ) kam. Heute gehören dem ICCJ 38 nationale christlich-jüdische und interreligiöse Dialogorganisationen in 32 Ländern an. Sein Sitz ist im Martin-Buber-Haus in Heppenheim an der Weinstraße, dem letzten Wohnort des großen jüdischen Philosophen. Die deutsche Mitgliedsorganisation ist der Deutsche Koordinierungsrat für Christlich-Jüdische Zusammenarbeit e.V. mit seinen 83 regionalen Gesellschaften.

3. Erinnerung an die Seelisberger Thesen

In Seelisberg kamen im Sommer 1947 prominente Vertreterinnen und Vertreter jüdischer und christlicher Organisationen aus 19 Ländern zusammen, darunter 28 Juden, 23 Protestanten und 9 Katholiken. Es war kein anderer als Jules Isaac, der Urheber und maßgeblich an der Formulierung der Seelisberger Thesen beteiligt war. Und es wundert bis heute, dass sein Name in Deutschland fast unbekannt ist, obwohl er wie kein anderer den Weg für die christlich-jüdische Verständigung ebnete.

10 Thesen von Seelisberg

1. Es ist hervorzuheben, dass ein und derselbe Gott durch das Alte und das Neue Testament zu uns allen spricht.
2. Es ist hervorzuheben, dass Jesus von einer jüdischen Mutter aus dem Geschlechte Davids und dem Volke Israels geboren wurde, und dass seine ewige Liebe und Vergebung sein eigenes Volk und die ganze Welt umfasst.
3. Es ist hervorzuheben, dass die ersten Jünger, die Apostel und die ersten Märtyrer Juden waren.
4. Es ist hervorzuheben, dass das höchste Gebot für die Christenheit, die Liebe zu Gott und zum Nächsten, schon im Alten Testament verkündigt, von Jesus bestätigt, für beide, Christen und Juden, gleich bindend ist, und zwar in allen menschlichen Beziehungen und ohne jede Ausnahme.
5. Es ist zu vermeiden, dass das biblische und nachbiblische Judentum herabgesetzt wird, um dadurch das Christentum zu erhöhen.
6. Es ist zu vermeiden, das Wort „Juden“ in der ausschließlichen Bedeutung „Feinde Jesu“ zu gebrauchen, oder auch die Worte „die Feinde Jesu“, um damit das ganze jüdische Volk zu bezeichnen.

7. Es ist zu vermeiden, die Passionsgeschichte so darzustellen, als ob alle Juden oder die Juden allein mit dem Odium der Tötung Jesu belastet seien. Tatsächlich waren es nicht alle Juden, welche den Tod Jesu gefordert haben. Nicht die Juden allein sind dafür verantwortlich, denn das Kreuz, das uns alle rettet, offenbart uns, dass Christus für unser aller Sünden gestorben ist. Es ist allen christlichen Eltern und Lehrern die schwere Verantwortung vor Augen zu stellen, die sie übernehmen, wenn sie die Passionsgeschichte in einer oberflächlichen Art darstellen. Dadurch laufen sie Gefahr, eine Abneigung in das Bewusstsein ihrer Kinder oder Zuhörer zu pflanzen, sei es gewollt oder ungewollt. Aus psychologischen Gründen kann in einem einfachen Gemüt, das durch leidenschaftliche Liebe und Mitgefühl zum gekreuzigten Erlöser bewegt wird, der natürliche Abscheu gegen die Verfolger Jesu sich leicht in einen unterschiedslosen Hass gegen alle Juden aller Zeiten, auch gegen diejenigen unserer Zeit, verwandeln[69].
8. Es ist zu vermeiden, dass die Verfluchung in der Heiligen Schrift oder das Geschrei einer rasenden Volksmenge: „Sein Blut komme über uns und unsere Kinder“ behandelt wird, ohne daran zu erinnern, dass dieser Schrei die Worte unseres Herrn nicht aufzuwiegen: „Vater, vergib ihnen, denn sie wissen nicht, was sie tun“, Worte, die unendlich mehr Gewicht haben.
9. Es ist zu vermeiden, dass der gottlosen Meinung Vorschub geleistet wird, wonach das jüdische Volk verworfen, verflucht und für ein ständiges Leiden bestimmt sei.
10. Es ist zu vermeiden, die Tatsache unerwähnt zu lassen, dass die ersten Mitglieder der Kirche Juden waren.

Das, was die Thesen formulierten, war für jene Zeit nahezu revolutionär. Denn für viele Christen war nicht allein die Behauptung, Jesus und Maria seien Juden, nicht nur kühn, sondern trafen auf totales Unverständnis und Ablehnung.

Die Thesen richteten sich ausschließlich an Christen, was nicht nur aus der zeitlichen Nähe zur Shoah zu erklären ist. Denn wer hätte es vermocht, angesichts der Bilder aus Auschwitz Worte an die Juden zu adressieren. Selbst auf Worte der Eingeständnis von Schuld vonseiten der Christen mussten Juden noch Jahrzehnte warten.

---

[69] In einigen Veröffentlichungen ist die siebte These ergänzt um die Sätze:

„Es ist allen christlichen Eltern und Lehrern die schwere Verantwortung vor Augen zu stellen, die sie übernehmen, wenn sie die Passionsgeschichte in einer oberflächlichen Art darstellen. Dadurch laufen sie Gefahr, eine Abneigung in das Bewusstsein ihrer Kinder oder Zuhörer zu pflanzen, sei es gewollt oder ungewollt. Aus psychologischen Gründen kann in einem einfachen Gemüt, das durch leidenschaftliche Liebe und Mitgefühl zum gekreuzigten Erlöser bewegt wird, der natürliche Abscheu gegen die Verfolger Jesu sich leicht in einen unterschiedslosen Hass gegen alle Juden aller Zeiten, auch gegen diejenigen unserer Zeit, verwandeln.“

60 Jahren nach Seelisberg und einem bis dahin sehr differenziert geführten Dialog zwischen Christen und Juden war es dann aber wichtig, die Thesen neu zu bewerten, sie zu erweitern, zu verfeinern und die Ergebnisse in den zeitgeschichtlich und gesellschaftlich neuen Kontext zu stellen.

4. Die 12 Berliner Thesen – eine neue Phase im christlich-jüdischen Dialog[70]

Dies geschah durch die 12 Berliner Thesen. Die Berliner Thesen[71] sind in der Geschichte des christlich-jüdischen Gesprächs das erste internationale Dokument, das vollständig gemeinsam von Juden und Christen im ‚Internationalen Rat von Christen und Juden' erarbeitet wurde und sich als gemeinsamer Aufruf an die Gemeinden in beiden Religionsgemeinschaften richtet. Nach dem Seelisberger „Aufruf an die Kirchen" (1947), nach der bahnbrechenden Erklärung des Zweiten Vatikanischen Konzils „Nostra Aetate" (1965), nach der Erklärung des Zentralausschusses des Ökumenischen Rates der Kirchen „Der christlich-jüdische Dialog nach Canberra '91" (1992), nach dem ICCJ-Dokument „Juden und Christen auf der Suche nach einer gemeinsamen religiösen Basis für einen Beitrag zu einer besseren Welt" (1993), nach „Dabru Emet – eine jüdische Stellungnahme zu Christen und Christentum" (2000) sowie nach der Studie „Kirche und Israel" der Gemeinschaft evangelischer Kirchen in Europa (2001 – damals „Leuenberger Kirchengemeinschaft" genannt), die allesamt sich aus der Perspektive eines der jeweiligen Dialogpartner äußern - mit bereits einem kleinen gemeinsamen Abschnitt in dem ICCJ Papier von 1993 -, war für die Autoren die Zeit reif für dieses Experiment.

Als Ausdruck des in jahrelanger Zusammenarbeit gewachsenen Vertrauens und im Wissen um die nach wie vor vorhandenen Probleme in der Rezeption der Ergebnisse des jüdisch-christlichen Dialogs in den Kirchen und in den jüdischen Gemeinden sowie im Angesicht von jüngsten Irritationen und Rückschlägen[72] sollte dies gewagt werden:

So liegt mit den 12 Berliner Thesen eine gemeinsame christlich-jüdische Erklärung vor, die zentrale Ergebnisse des bisherigen Dialogs festhält, die daraus folgenden Herausforderungen für Kirchengemeinden und für jüdische Gemeinden

---

70 vgl. im Folgenden Zeit zur Neu-Verpflichtung, Konrad-Adenauer-Stiftung, Sankt Augustin/Berlin, 2009

71 siehe den vollständigen Text der 12 Berliner Thesen im Anhang.

72 vgl. die Kontroversen um die Einführung der neuen Karfreitagsbitte für die von Papst Benedikt XVI. wieder zugelassene lateinische Messe in 2008, die Aufhebung der Exkommunikation von vier Bischöfen der Piusbruderschaft am 21. Januar 2009 durch Papst Benedikt XVI, ohne dass diese Bischöfe - darunter der Holocaustleugner Richard Williamson - ihre Fundamentalkritik an Beschlüssen des Zweiten Vatikanischen Konzils und entsprechend am christlich-jüdischen Dialog aufgaben, sowie die wiederaufkommende Diskussion um „Judenmission" in einigen evangelischen Landeskirchen und der katholischen Kirche in Deutschland.

benennt, sich dem Nahostkonflikt stellt, zum verstärkten Dialog mit der muslimischen Welt aufruft und sich gemeinsam zu nachhaltigem Engagement für Gerechtigkeit, Frieden und die Erhaltung der natürlichen Lebensumwelt verpflichtet.

Dieses Dokument wendet sich als Aufruf zunächst an die Kirchen, sodann an die jüdischen Gemeinden und schließlich an Juden, Christen und Vertreter anderer Religionen.

4.1. Aufruf an die Kirchen (Thesen 1 bis 4)

Im Aufruf an die Kirchen hält das Berliner Dokument die bisherigen Ergebnisse der theologischen Forschung zum christlich-jüdischen Verhältnis fest, insbesondere die Verankerung des christlichen Glaubens im Judentum. Danach ist für eine sachgemäße Interpretation der Lehre Jesu und der Theologie des Paulus die Wahrnehmung des zeitgenössischen jüdischen Kontextes unerlässlich. Die Thesen weisen ebenfalls darauf hin, dass die Kirchen von dem Reichtum jüdischer Texte, Liturgien und Praktiken für die eigene Lehre und Praxis fruchtbare Impulse empfangen können.

Entscheidend für das Verhältnis der Kirchen zum Judentum ist und bleibt die grundlegende Anerkennung des jüdischen Selbstverständnisses, in der die eigenständige jüdische Gottesbeziehung respektiert und nicht mehr in Frage gestellt wird. Dies ist der entscheidende Schritt, der von den Kirchen zu gehen ist und der in der Konsequenz eine christliche Judenmission ablehnt. Es wäre viel gewonnen, wenn in der gegenwärtig neu aufflackernden Diskussion über „Judenmission" in der katholischen Kirche sowie in einigen evangelischen Landeskirchen dieser Aufruf gehört würde.

4. 2 Aufruf an die jüdischen Gemeinden (Thesen 5 bis 8)

Die jüdischen Gemeinden ruft die Berliner Erklärung in den Thesen 5 bis 8 dazu auf, die langjährige Arbeit christlicher Gemeinden unterschiedlicher Konfessionen, Einzelpersonen und Institutionen zur Überwindung antijüdischer Traditionen und zur Erneuerung des Verhältnisses zum Judentum wahrzunehmen und anzuerkennen. In der Konsequenz dieses Aufrufs geht das Berliner Dokument noch einen Schritt weiter und tritt für die Überarbeitung jüdischer liturgischer Texte im Hinblick auf zeitbedingte Passagen mit problematischen Formulierungen über Christen und Angehörige anderer Religionen ein.

Geht das? Können Christen gemeinsam mit jüdischen Partnern einen derartigen Aufruf an jüdische Gemeinden richten - angesichts der Tatsache, dass die Ergebnisse des christlich-jüdischen Dialogs noch längst nicht in allen Gliederungen der Kirchen nachvollzogen wurden? Die Autoren des Berliner Dokuments verdrängen die nach wie vor großen Aufgaben innerhalb der Kirchen nicht. Sie halten gleichwohl die Zeit für einen „Dialog auf Gegenseitigkeit“ gekommen, sodass auch gegenüber den jüdischen Gemeinden darauf zu drängen ist, die christlichen Reformbemühungen der letzten Jahrzehnte anzuerkennen und zu einer neuen Wahrnehmung des Christentums zu gelangen. Dass dies möglich ist, zeigt das Vertrauen, das zwischen den jüdischen und christlichen Dialogpartnern und Autoren der Berliner Thesen gewachsen ist, und das sie nun gemeinsam zu neuen Schritten für eine breitere Verankerung des Dialogs in beiden Glaubensgemeinschaften ermutigt.

4. 3 Christlich-Jüdischer Dialog und der Nahostkonflikt

Sowohl in dem Aufruf an die Kirchen als auch an die jüdischen Gemeinden nimmt das Dokument Bezug auf den Nahostkonflikt. Die Thesen halten fest, dass der christlich-jüdische Dialog den Werten der Gerechtigkeit und des Friedens verpflichtet ist. Entsprechend setzen sich die Autoren für eine gerechte und friedliche Lösung des Konfliktes im Nahen Osten ein. Sie betonen die Anerkennung der jüdischen Verbundenheit mit dem Land Israel und zugleich die Anerkennung der palästinensischen Beheimatung dort. Mit der Forderung nach Sicherheit und Wohlergehen christlicher Gemeinden in Israel und Palästina erinnert das Dokument an die prekäre Lage, in die Christen im Nahostkonflikt geraten sind, insbesondere durch die religiöse Interpretation und Verschärfung des Konfliktes in der Perspektive eines muslimisch-jüdischen Gegensatzes.

Die Berliner Thesen benennen ausdrücklich das Recht auf Kritik gegenüber israelischen und palästinensischen Institutionen, wobei zugleich auf die unerlässliche Aufgabe verwiesen wird, zwischen legitimer Kritik und antisemitisch motivierten Haltungen zu unterscheiden. Dabei verweisen die Thesen auf das Erbe der biblischen Texte, die die Liebe zum Land und die Verbundenheit mit ihm mit den Forderungen nach Gerechtigkeit zusammenbindet.

So gilt es, zusammen „mit jüdischen, christlichen und muslimischen Friedensarbeitern, mit Israelis und Palästinensern“ Vertrauen zu schaffen, mit dem Ziel, dass die Konfliktparteien „in eigenständigen, lebensfähigen Staaten leben können, die auf internationalem Recht und garantierten Menschenrechten beruhen“ (These 4). Die Berliner Thesen betonen, dass die Teilnehmer am christlich-jüdischen Dialog in ihrer Solidarität mit Israel sich zugleich für das Wohlergehen der Palästinenser einsetzen, dass sie sich nicht von einem Lager oder einer politischen Gruppierung im Nahostkonflikt vereinnahmen lassen, sondern eine eigenständige und das Recht beider Konfliktparteien einbeziehende Position einnehmen.

4. 4 Der christlich-jüdische Dialog ist keine Insel – (Thesen 9 bis 12)

Mit dem Satz „Keine Religion ist eine Insel“ (No religion is an island) begründete Abraham Heschel vor Jahren sein Engagement im christlich-jüdischen Dialog[73]. Die Berliner Thesen machen deutlich, dass auch der Dialog zwischen Juden und Christen keine Insel und keine Nische darstellen kann. Der jüdisch-christliche Dialog ist Teil der zunehmenden interreligiösen Begegnungen und der religiös motivierten Konflikte in der globalisierten Welt. Er muss daher neben den bilateralen Beziehungen zwischen Juden und Christen auch das Verhältnis zu anderen Religionen und auch nichtreligiösen Akteuren in Politik und Gesellschaft in den Blick nehmen. Diesem Ziel dienen die letzten 4 Thesen der Berliner Erklärung.

Als erster weiterer Gesprächspartner wird an mehreren Stellen der Thesen die muslimische Gemeinschaft genannt. Dies entspricht dem trilateralen Programmteil des ICCJ, in dem unter dem Titel „Abrahamischer Dialog“ das gemeinsame Gespräch von Juden und Christen mit Muslimen verstärkt gesucht wird – wobei gleichzeitig der bisherige Schwerpunkt in eigenen Programmteilen erhalten bleibt: die Weiterbearbeitung der spezifischen Fragen des christlich-jüdischen Verhältnisses.

Mit Blick auf die Rolle der Religionen bei der Verstärkung von Konflikten aber ebenso auch hinsichtlich des tief verankerten Friedenspotentials der religiösen Traditionen betonen die Berliner Thesen die Notwendigkeit interreligiöser und interkultureller Erziehung sowie die Verstärkung der Zusammenarbeit zwischen den Religionen auf allen gesellschaftlichen Ebenen.

In der interreligiösen Zusammenarbeit wirbt das Berliner Dokument für eine Haltung, die im Respekt vor den unterschiedlichen Glaubensgemeinschaften zugleich Werte der Aufklärung und der Moderne anerkennen kann. Zu der Forderung nach Religionsfreiheit gesellt sich so der Aufruf, die gewachsene Anerkennung individueller Lebensstile in der Moderne zu respektieren und für die Gleichberechtigung aller Menschen „ungeachtet ihrer Religion, ihres Geschlechtes oder ihrer sexuellen Orientierung“ einzutreten. Interreligiöse Zusammenarbeit wird hier unter dem anspruchsvollen Ziel angesteuert, gemeinsam Benachteiligungen von Frauen und von Menschen mit unterschiedlichen sexuellen Orientierungen (z.B. Homophile), die in vielen religiösen Traditionen nach wie vor vorkommen, zu überwinden.

Ein weiteres Ziel besteht in der Kooperation mit politischen und wirtschaftlichen Institutionen, ohne die eine wirksame Entwicklung zu mehr Gerechtigkeit und zu einem die Grenzen des die natürliche Umwelt achtenden Lebensstils nicht gewonnen werden kann.

---

[73] Abraham Heschel, „No religion is an island“, dt. unter dem Titel: „Kein Religion ist ein Eiland“, in: Fritz Rothschild (Hg.), Christentum aus jüdischer Sicht, Berlin 2000 (2. Aufl.), S. 324ff

Der Anspruch der Berliner Thesen ist hoch. Er bindet die Herausforderungen des jüdisch-christlichen Dialogs in die die Menschen aller Religionen und Weltanschauungen zunehmend bedrängenden Fragen der globalisierten Welt ein. Weniger geht nicht, denn die Autoren des Dokuments sehen sich als Juden und Christen einer besonderen Beauftragung gegenüber verpflichtet, die in dem das Berliner Dokument begleitenden Text „Die Geschichte einer Beziehung im Wandel“ ausdrücklich benannt wird:

„Wir laden Juden und Christen überall auf der Welt dazu ein, sich uns in dem Streben nach den Zielen anzuschließen, die wir uns gesetzt haben, Zielen, die uns aus unserer gemeinsamen Überzeugung erwachsen, dass Gott von uns – gerade als Juden und Christen – erwartet, dass wir die Welt für die Herrschaft Gottes, das kommende Zeitalter der Gerechtigkeit und des Friedens vorbereiten“ In dieser Perspektive gewinnt die Weiterarbeit an der Versöhnung zwischen Christen und Juden eine nicht mehr aufhebbare Verpflichtung, die zugleich um die Notwendigkeit des Engagements in den vielen interreligiösen Konfliktfeldern unserer Welt weiß und erhofft, dass der lange Weg des christlich-jüdischen Dialogs dafür ein ermutigendes Beispiel sein kann.“

Abraham Geigers Jesusbild

Inzwischen blicke ich (der Autor) als Gemeindepfarrer auf über 40 Jahre theologischer Arbeit zurück. Was hat sich in diesen 4 Jahrzehnten verändert in Theologie und Kirche? Moderne Wissenschaften haben in die akademische Theologie Einzug gehalten. Verwaltungsstrukturreformen verändern kirchliche Arbeit und verdecken das, was in Kirche und Gemeinde ursprünglich zu deren Wesen gehörte, nämlich die Verkündigung des Evangeliums in Wort und Sakrament. Das Gespräch zwischen den christlichen Konfessionen, als ‚Ökumene' bezeichnet, ist zumindest in Deutschland zu einem Stillstand gekommen. Manche sprechen sogar von Rückschritten. Welches Bild zeichnen die voneinander getrennten Kirchen nach außen, auch in die Welt hinein, wenn sie aus den Worten Jesu, der um die Einheit betete, nichts gelernt haben und nach wie vor getrennte Wege gehen?

Und Ergebnisse des jüdisch-christlichen Gesprächs oder Stellungnahmen, die das Verhältnis von Juden und Christen auf eine neue Grundlage stellen wollen (vgl. den Rheinischen Synodalbeschluss von 1980 im Anhang), finden bis heute keinen Eingang in die Curricula an Universitäten oder Schulen. Welches Gottesbild vermittelt christliche Lehre, wenn der Gott Jesu zwar der Gott Abrahams, Isaaks und Jakobs ist, aber dieser Jesus nichts mit dem Judentum nichts zu tun haben soll? Spüren Menschen nicht schon seit langem, dass die Kirchen unglaubwürdig sind, wie ein Baum, der ohne Wurzeln dasteht, vertrocknet und tot.

Mehr noch: gerade in einer Zeit wie der unsrigen, in der in Politik und Gesellschaft wieder ein erstarkender Antisemitismus zu beobachten ist, begnügen sich die Kirchen in ihren Verlautbarungen mit Worten über die Symptome, aber verweigern nach wie vor, die Ursachen zu benennen oder gar an ihnen zu arbeiten.

Meine theologischen Lehrer (ich studierte Evgl. Theologie von 1975 bis 1980 in Wuppertal und Bonn) wussten sich der historisch-kritischen Forschung verpflichtet, auch deren Lehrer wie Karl Barth, Ernst Käsemann und Rudolf Bultmann. Wir können noch weiter zurückgehen zu Adolf von Harnack und Friedrich Wilhelm Schleiermacher, deren Werke auch in meiner Studienzeit noch zur Standardliteratur gehörten. Aber was bedeutete für meine und deren Lehrer historisch-kritisch? Heute komme ich zu einer eher erschreckenden Antwort.

Es war eine Methode, die in sehr engen Bahnen verlief, auf denen Dogmen und altkirchliche Bekenntnisse die Regeln vorgaben und deshalb nur sehr begrenzt, wenn überhaupt historisch-kritisch genannt werden kann. Denn sie folgten im Allgemeinen einer ‚rückwärtsgewandten Hermeneutik', bei der christliche Bekenntnisse und altkirchliche Dogmen die Ergebnisse der exegetischen Wissenschaft vorgaben. Und was da nicht hineinpasste, dass durfte und konnte nicht sein.

Und keiner meiner Lehrer in dogmatischer Theologie hat die altkirchlichen Bekenntnisse und Dogmen selbst einer historisch-kritischen Exegese unterzogen, um sie in ihrem zeitgeschichtlichen und politischen Horizont zu verstehen. Bekenntnisse und Dogmen waren heilige Kühe und sind es bis auf den heutigen Tag. Sie dienen nach wie vor der innerkirchlichen Abgrenzung voneinander. Mit dem einzigen Unterschied zu den Jahrhunderten zuvor, dass in Konfessionskriegen kein Blut mehr vergossen wird. Und darum wird immer wieder zurecht die Wissenschaftlichkeit der Theologie bezweifelt. Denn sie genügt nicht in allen Disziplinen und wenn nur in Ansätzen wissenschaftlichen Kriterien.

Sicher, viele Exegeten und Theologen waren sich einig in der Aussage, dass Jesus Jude war. Aber das hielt sie nicht davon ab, die aus den Jahrhunderten tradierten stereotypen Aussagen zu wiederholen, zB. dass Jesus sich gegen jede Art ‚jüdischer Gesetzlichkeit' wandte oder sich in aller Form gegen spätjüdische Frömmigkeit aussprach. Für sie waren Jesus, der Jude, und das Judentum zwei voneinander grundsätzlich zu unterscheidende Dinge. Und was bedeutet es, wenn sie von ‚Spätjudentum' sprachen und nicht die Wirklichkeit des Judentums heute wahrnahmen? So studierte ich Altes Testament und Neues Testament nicht in der Fortschreibung des einen, immer wieder konkretisierten ersten Bundes, so wie Leo Baeck es einmal sagte, sondern als aufeinander bezogen im Spannungsfeld zwischen alt (sprich: veraltet, überholt) und neu, zwischen Gesetz und Evangelium und/oder Verheißung und Erfüllung.

Dazu kam, dass ab der Mitte des 19. Jahrhunderts die sogenannte ‚Rassenlehre' und mit ihr der Antisemitismus die theologische Wissenschaft durchdrang. Als einer der ersten war es Houston Stewart Chamberlain, der Jesus als ‚Arier' bezeichnete. Von hier aus zogen sich die Linien bis in die Theologie der ‚Deutschen Christen' während des Nationalsozialismus und darüber hinaus.

Konsequenter als seine protestantischen Lehrer, weil unbehindert von irgendwelchen Dogmen und christlichen Bekenntnissen, hat der Rabbiner Abraham Geiger die historisch-kritische Methode angewandt.

Abraham Geiger wurde am 24. Mai 1810 in Frankfurt am Main als Sohn des Rabbiners Michael Lazarus Geiger (1755–1823) und der Röschen Wallau (1768–1856) in eine orthodoxe Familie geboren und erhielt eine traditionelle religiöse Erziehung. Schon als Kind führten ihn seine Studien in den Altertumswissenschaften dazu, am überlieferten Weltbild des orthodoxen Judentums und an biblischen Darstellungen zu zweifeln. Mehr noch: sein theologisches Arbeiten verlief auf der Grenze zwischen Orthodoxie und Reform, zwischen Judentum und Christentum. Und aus dieser Wanderung zwischen den verschiedenen Welten, wird er zum Gründungsvater des Reformjudentums im

Sinne der jüdischen Aufklärung, der Haskalah[74]. Im April 1829 begann Geiger ein Studium an der Universität in Heidelberg. Er gelang ihm der erste Einblick in die zeitgenössische Wissenschaft. Schon am 31. Oktober desselben Jahres wechselte er zur Universität nach Bonn. Er besuchte Vorlesungen verschiedener philologischer Fächer und las die theologischen Schriften von Johann Gottfried Herder und Gotthold Ephraim Lessing. Er fragte sich, wie sich deren Methoden für die jüdische Theologie aktualisieren ließen. Sein Interesse wechselte zwischen Orientalistik und Theologie. 1833 erschien sein Essay ,Was hat Mohammed aus dem Judenthume gelernt'. Mit dieser wegweisenden Schrift, in der er anders als bisher die Wurzel des Islam im Judentum erkennt, wurde er in Marburg promoviert, kurze Zeit später in Marburg zum Rabbiner ordiniert.

Sehr gerne wäre er Professor an einer deutschen Universität geworden, aber Juden war zu jener Zeit in Deutschland ein Lehrstuhl an Universitäten verwehrt. So wurde er Rabbiner in Wiesbaden. Seine akademischen Tätigkeiten jedoch setzte er als Gründer und Redakteur zweier wissenschaftlicher Zeitschriften fort: Wissenschaftliche Zeitschrift für Jüdische Theologie (WZJT) und Jüdische Zeitschrift für Wissenschaft und Leben. 1840 übernahm er das Rabbinat in Breslau. Sein Interesse an den Entwicklungen der christlichen Theologie begleitete ihn auch dorthin.

Geiger verließ Breslau 1863 und war bis 1870 Rabbiner der Einheitsgemeinde in Frankfurt am Main. 1870 gehörte er zu den Gründern der Hochschule für die Wissenschaft des Judentums in Berlin, an der er von 1872 bis zu seinem Tod 1874 lehrte.

Zu seinen Hauptschriften gehören die ,Urschrift und Übersetzung der Bibel in ihrer Abhängigkeit von der inneren Entwicklung des Judentums' (1857), und ,Das Judenthum und seine Geschichte von der Zerstörung des zweiten Tempels bis zum Ende des zwölften Jahrhunderts. In Zwölf Vorlesungen. Nebst einem Anhange: Ein Blick auf die neuesten Bearbeitungen des Lebens Jesu' (1864). In diesen Werken wusste sich Geiger immer der historisch-kritischen Methode verpflichtet, die er bei seinen Lehrern und in der Lektüre protestantisch-theologischer Literatur erlernt hatte. Er wusste gleichzeitig um die Grenze dieser Methode bei seinen protestantischen Kollegen und benannte diese, was die protestantische akademische Welt als Provokation empfand, denn sie wollten sich von einem ,Juden' nicht in Frage stellen lassen.

Geiger starb unerwartet am 23. Oktober 1874.

Für Geiger war das Judentum keine erstarrte Religion, unveränderlich in ihren Traditionen, sondern hätte sich stetig fortentwickelt und modernisiert, ohne sein Wesen preiszugeben. Diese Ergebnisse seiner Studien setzte er in seinen

[74] Die Haskalah entstand in den 1770er und 1780er Jahren in Berlin und Königsberg. Sie beruhte auf den Ideen der europäischen Aufklärung und trat für Toleranz und eine gleichberechtigte Stellung der Juden in den europäischen Gesellschaften ein.

Reformen in den Gemeinden um, denen er als Rabbiner vorstand. Er plädierte für eine Aktualisierung historisch bedingter religiöser Ritualgesetze an die Gegenwart. Dies brachte ihm den Widerspruch der jüdischen Orthodoxie ein, die ihn als Verräter, sein Werk als ‚diabolisch' bezeichnete[75]. Schon in seinem Hauptwerk der ‚Urschrift und Übersetzungen der Bibel' schrieb er, dass im Gegensatz zu den aristokratischen, konservativ eingestellten Sadduzäern, unter deren Kontrolle das Priestertum und der Tempel zu Jerusalem standen, die Pharisäer und frühen Rabbiner der Mischna sich um eine Liberalisierung und Demokratisierung des jüdischen Gesetzes bemüht hätten. Geiger setzte sich für den Gebrauch der deutschen Sprache in der jüdischen Liturgie ein und empfand die meisten Speisegesetze als unangemessen. So bezeichnete er zB auch die Beschneidung in einem Brief an Leopold Zunz als ‚barbarisch blutigen Akt'.

In Geigers Studienzeit finden wir ihn immer wieder an den protestantischen Fakultäten[76]. Nicht der historischen oder systematischen Theologie, sondern der neutestamentlichen Wissenschaft galt sein Interesse. Schon hier unterscheidet er sich wesentlich von seinen protestantischen Kollegen. Denn die Konzentration auf die biblische Exegese selbst öffnete ihm einen durch keine Dogmen getrübten ungestörten Blick auf die Texte des Neuen Testaments. Mit den Ergebnissen seiner Arbeit versuchte er die Aufmerksamkeit der protestantischen Theologen zu erregen und die akademische Anerkennung seiner Schriften in der christlichen Theologie zu erlangen. Aber mehr als deren Interesse erreichte er nicht. Er sah im pharisäischen Judentum die Grundlage nicht nur für den Islam, sondern auch für das Christentum. In Jesus berührten sich für Geiger wie in einem Brennglas jüdische und christliche Tradition. Er verstand das Christentum, wie zuvor in einer Schrift schon den Islam, als eine Verlängerung des Judentums.

Diese Gedanken lösten sowohl bei Christen wie bei Juden tiefgreifende Ängste aus. In der Folge grenzten sich seine protestantischen Kollegen deutlich von Geigers Ausführungen ab und entwarfen selbst ein Jesusbild, das mit dem Judentum rein gar nichts mehr zu tun hatte. Der theologischen Abgrenzung folgte in den darauffolgenden Jahrzehnten das völlige Ignorieren von Geigers Gedanken.

In Geigers Schriften finden wir ein differenziertes Bild über die Entstehung und die Fortentwicklung des Christentums, dem sein Interesse von den 60er Jahren bis zu seinem Tode galt. Während sich seine christlichen Partner in ihren Forschungen auf Josephus, die Evangelien und die Kirchenväter beriefen, studierte Geiger darüber hinaus auch die beiden Makkabäerbriefe und rabbinische Quellen und bezog sie in seine Studien ein. Seine Gedanken über Jesus fielen mit einer neuen Darstellung des Lebens Jesu

[75] So Gershom Scholem, zitiert nach Susannah Heschel, Der jüdische Jesus und das Christentum. Abraham Geigers Herausforderung an die christliche Theologie, Berlin 2001, S. 57.

[76] Die katholische Theologie beachtete er nicht, weil sie noch keine historisch-kritische Methode entwickelt hatte. Dies änderte sich erst in Überwindung des Antimodernisteneides (von Papst Leo X. am 1. September 1910 eingeführt) in der Konstitution Dei Verbum im 2. Vatikanischen Konzil.

bei seinen christlichen Partnern zusammen. Knapp dreißig Jahre zuvor hatte ‚Das Leben Jesu – kritisch betrachtet' (1835) von David Friedrich Strauß unter Strauß' protestantischen Kollegen für große Aufregung gesorgt. Hier erklärte Strauß alle neutestamentlichen Erzählungen als Mythen und Produkte eines dichtenden urchristlichen Gemeindegeistes. In der Folge ließ man in der christlichen Theologie dieses Thema des historischen Jesus lieber erst einmal wieder ruhen. Aber in den 60er Jahren kam es zu einer Renaissance.

Geigers 1857 erschienene Urschrift wurde von Orientalisten bejubelt, von orthodoxen Christen ignoriert und von protestantischen Theologen empört und beleidigt zurückgewiesen. Geiger stellte als Erster Jesus als einen pharisäischen Juden dar. Jesus war Jude innerhalb des Judentums und nicht Gründer einer neuen religiösen Bewegung. Verschiedene Male hatte Geiger die Pharisäer als die eigentlich fortschriftliche Partei (so auch in ‚Sadducäer und Pharisäer', Breslau 1863) in der Zeit Jesu dargestellt. Jesus hätte lediglich gegen pharisäische Halbherzigkeiten gekämpft, aber ganz in der Linie der Pharisäer eine Liberalisierung der jüdisch religiösen Praxis angestrebt. Jesu Reden und Handeln wäre nichts Einzigartiges oder Originelles gewesen. Alle seine Worte fänden sich schon in der rabbinisch-pharisäischen Literatur der vorangehenden Zeit. Erst die Evangelien hätten die Pharisäer als Heuchler, Verräter und engstirnige Gesetzesvertreter beschrieben. Selbst die Inhalte der Bergpredigt seien wenige Jahre vor dem historischen Jesus vom pharisäischen Rabbi Hillel verkündet worden. Geiger stellte beide auf die gleiche Stufe.

Geiger schreibt zur Person Jesu: ‚Auch ich halte ihn nicht für Gottes Sohn, nicht für einen Messias, nicht für einen Propheten; … ich halte ihn für eine höchst bedeutende, in die Weltgeschichte großartig eingreifende, Persönlichkeit. Dieses Urtheil theilen die Meisten meiner Glaubensgenossen mit mir.' [77]

‚Er war ein Jude, ein pharisäischer Jude mit galiläischer Färbung, ein Mann, der die Hoffnungen der Zeit theilte und diese Hoffnung in sich erfüllt glaubte. Einen neuen Gedanken sprach er keineswegs aus, auch brach er nicht etwa die Schranken der Nationalität. Als ein fremdes Weib zu ihm kam und von ihm geheilt werden wollte, sprach er: es ist nicht fein, den Kindlein des Hauses das Brot wegzunehmen und es vor die Hunde zu werfen. Er hob nicht im Entferntesten irgendetwas vom Judenthum auf, er war ein Pharisäer, der auch in den Wegen Hillels ging, nicht auf jedes einzelne Äußerliche Werth legte, aber andererseits sprach er auch aus, dass nicht ein Titelchen vom Gesetze weggenommen werden soll; die Pharisäer sitzen auf dem Stuhle Mosis, und was sie sprechen, das sollt ihr befolgen. Er wurde allerdings, wenn wir treu berichten, als man ihm entgegentrat, auch zu geringschätzende Äußerungen über das Eine und Andere veranlasst, aber in seinen ursprünglichen Überzeugungen wankte er niemals.'[78]

[77] Abraham Geiger, Der Kampf christlicher Theologen gegen die bürgerliche Gleichstellung der Juden, namentlich mit Bezug auf Anton Theodor Hartmann, in: WZIT 1, 1835, S. 86
[78] Abraham Geiger, Das Judenthum und seine Geschichte, S. 117f.

Wie die Pharisäer sprach Jesus von der religiösen Gleichheit und der Heiligung des ganzen Volkes. Damit stand er in der Linie pharisäischer Argumentation im Gegensatz zu den Sadduzäern, die die Heiligkeit lediglich für die Priester reklamierten, zu denen ein Großteil der Sadduzäer gehörte.

In Jesus erfüllten sich die messianischen Hoffnungen des pharisäischen Judentums. Während andere die Menschen ihres Volkes aufforderten, sich auf das Himmelreich vorzubereiten, dass anbrechen würde, wenn der Menschensohn erschiene, hätte Jesus den Mut und die Zuversicht gehabt zu sagen, dass er selbst der Menschensohn sei. Mit diesem Bewusstsein griff Jesus ‚in die damaligen religiösen Anschauungen ein, erhob sich zu einer Höhe die ihm nicht zuerkannt wurde, stellte die Hoffnung der Zukunft als gegenwärtig und in sich verkörpert dar, er stelle eine vollständige Änderung der bürgerlichen Verhältnisse in Aussicht, ignorierte das ganze gegenwärtige Bürgertum, wenn er auch nicht in Empörung auftrat. Das Urteil konnte unter solchen Umständen nicht anders erfolgen, er wurde ans Kreuz geschlagen,... Die Anhänger Jesu waren dadurch wohl anfangs betäubt, aber in ihrem Glauben nicht erschüttert. ... an ihm vollzieht sich zuerst die Auferstehung, die dann allgemein erfolgt. Diese Überzeugung war ja schon während seines Lebens herrschend, sie konnte durch seinen Tod nicht erschüttert werden... und bald schritt man zu dem Ausspruche: Er ist auferstanden, er ist in den Himmel gefahren und wird, gehüllt in die Wolken des Himmels, wieder erscheinen, bei der allgemeinen Auferstehung de...‘[79] Dieser Glaube aber verbreitete sich kaum im palästinensischen Gebiet. Anders jedoch in den jüdisch griechischen Kolonien. Hier vereinigten sich die Gedanken des Messias mit dem griechisch-philosophischen Begriff des Logos. Hier entstand das Bekenntnis: ‚...der Messias ist der Logos, das Wort, der eingeborene Sohn Gottes‘[80]. Und hier sieht Geiger die Ursprünge des Christentums.

Für ihn schien es fast unmöglich, in den Worten Jesu der Evangelien tatsächliche Worte Jesu zu entdecken, weil sie durch spätere heidenchristliche oder paulinische Gedanken verändert worden waren. Es war die heidenchristliche Partei um Paulus, die sich innerhalb des Christentums durchsetzte, und das ‚Gesetz‘ abschaffte, was den ursprünglichen Worten Jesu widersprach. Der ‚Opfertod‘ Jesu, so sagte sie, habe das ‚Gesetz‘ überflüssig gemacht.

Für Geiger war Paulus der wahre Gründer des Christentums, weil er eine Theologie entwickelte, die n i c h t mehr ü b e r d e n G l a u b e n Jesu nachdachte, sondern Jesus selbst zum Gegenstand des Glaubens machte. Paulus habe zwar grundlegende jüdisch monotheistische Gedanken aufgenommen, denn schließlich war er ja Jude. Aber um auch in der nichtjüdischen Welt für den Glauben an Jesus als den Messias zu missionieren, habe Paulus zahlreiche Elemente griechischer Philosophie und heidnischer Mystik in seine theologischen Gedanken aufgenommen, um Jesus als den Christus für die ‚Heiden‘ verstehbar

[79] Ebenda, S. 122.
[80] Ebenda, S. 128

zu machen. Nach Geiger verfälschte Paulus jüdische Glaubensinhalte. Sein von ihm geschaffenes Christentum sei somit ein Verrat am Glauben Jesu.

Letztendlich bezweifelte Geiger die Originalität und Einzigartigkeit Jesu, indem er ihn mit anderen religiösen Gestalten seiner Zeit verglich oder aber seine Äußerungen auf dem gesellschaftlichen Hintergrund seiner Zeit begriff.

Die Einzigartigkeit des Christentums jedoch und seine Trennung vom Judentum begannen mit Paulus.

Geiger war der erste Jude, der die Evangelien einer historisch-kritischen Analyse aus rein jüdischer Sicht unterzog. Er suchte die Anerkennung seiner Arbeit in der christlichen Wissenschaft und zeichnete eine Gegenschichte zu der der christlichen Theologen. So betrachteten sie seine Untersuchungen als eine ‚Unverschämtheit', denn im Denken des 19. Jahrhunderts war klar, dass das Christentum dem Judentum gegenüber eine deutlich überlegene Religion bleiben müsse.

Geiger holte Jesus zurück ins Judentum und trennte somit Jesus den Juden vom paulinischen Christentum. Das Christentum seiner Zeit hätte rein gar nichts mit dem Glauben Jesu zu tun, während er, Geiger, versuchte, die biblischen und weltgeschichtlichen Gedanken Jesu für das Judentum seiner (Geigers) und für seine Gemeinden fruchtbar zu machen.

Die protestantische Theologie reagierte auf die Gedanken Geigers mit Entsetzen, wies das Bild, das Geiger von jüdischer Geschichte gezeichnet hatte, zurück und bestritt gleichzeitig das Existenzrecht und die Gleichberechtigung des Judentums innerhalb der deutschen Gesellschaft und Kultur. Antijudaismus und Antisemitismus fanden somit auch in den Kirchen eine breitere Basis. Und so begleitete der Antisemitismus vor allem in den evgl. Kirchen den Weg nach Auschwitz[81].

Nach der Shoah meinten viele Deutsche sich mit dem Hinweis entschuldigen zu können, sie hätten ja nichts gewusst von der Vernichtung der Juden. Protestantische Theologen und Pfarrer haben, mit wenigen Ausnahmen, noch nicht einmal diese Ausrede gesucht, um ihre Ignoranz zu erklären. Sie wollten es einfach nicht, damit ihr theologisches System und damit ihre Macht nicht zerstört würden.

Geigers Gedanken bleiben eine theologische Herausforderung an die christliche Theologie bis in unsere Tage und beschreiben das Dilemma. Dies ließe sich mit anderen Worten so beschreiben: das Christentum kann ohne das Judentum nicht existieren, das Judentum hingegen ist ohne das Christentum in seiner Existenz nicht bedroht.

[81] siehe nachfolgendes Kapitel: Die Kirche und der Krieg

Am Ende erlaube ich mir von vielen Fragen, die ich an die Geschichte christlicher Theologie und meiner Kirche habe, lediglich einige zu formulieren.

Welches Bild von Gott würden wir heute in unseren Kirchen verkünden, wenn christliche Theologie die Gedanken Geigers positiv aufgenommen hätte? Hätte die Kirche sich dann nicht eindeutig von jeder Art von Antisemitismus distanzieren müssen, was sie mit wenigen Ausnahmen nicht tat? Welche Bücher würden heute die Regale der Theologen und Theologie Studierenden füllen? Sollte es nicht zum Lehrplan an christlichen Universitäten gehören und somit eine weitere Grundlage des Theologiestudiums sein, die Rabbinen im Originaltext zu studieren? Aber dazu müssten erst noch die exegetischen Lehrstühle an den theologischen Fakultäten anderen wissenschaftlichen Anforderungen und Strukturen genügen. Wie würde sich auf der Grundlage Geigerscher Gedanken das Verhältnis der drei abrahamitischen Religionen beschreiben lassen? Wie würde sich dieses Verhältnis, durch Geiger neu definiert, auf den Frieden in unseren Gesellschaften und in der Welt auswirken? Und wäre nicht auch das Gespräch zwischen den kirchlichen Konfessionen auf neue Grundlagen gestellt und diente dem Frieden?

Die Kirche und der Krieg

Die meisten Menschen, auch wenn sie nicht zu einer der Kirchen gehören, verbinden mit Kirche die 10 Gebote. Und wenn sie nach einem der Gebote gefragt werden, dann ist es meist das 5., das ihnen spontan einfällt: Du sollst nicht töten. Dieses Juden, Christen und Muslimen gemeinsame Gebot wird durch Jesus noch einmal verstärkt, wenn er von der Nächstenliebe spricht, das seinen Ursprung ebenfalls in jüdischer Tradition hat, aber darüber hinaus die Liebe des Feindes fordert. Und genau hierin zeigt sich ein weiteres Dilemma der Kirche, und zwar über die Jahrhunderte hinweg. Wenn es der Kirche um Macht, vor allem um politische Macht ging, rief sie selbst zum Krieg. Und oft standen Päpste an vorderster Front. Und da war es egal, was das 5. Gebot oder Jesu Forderung der Feindesliebe sagte. Der Zweck heiligte die Mittel.

Genau das zeigen auch die nun folgenden Ausführungen: der ‚Gehorsam' dem Staat gegenüber deckte die Skrupel, gegen Jesu und der Thora Worte zu verstoßen zu, zumal wenn sie an der Seite und mit Hilfe des Staates eigene, lange gehegte ‚tödliche' Ziele verfolgen konnte.

Denn die Verstrickung der Kirche[82] in das NS-Regime und in den Krieg geschah auf breiter Front. Die Propaganda Goebbels in Rundfunk und Sälen wurde flankiert durch eine religiös argumentierende Aufrüstung in Predigt, Religionsunterricht und kirchlichen Jugendgruppen.

Es gab zwar Oppositionsgruppen wie die ‚Bekennende Kirche', die zwar innerkirchlich eine nicht unerhebliche Rolle spiele. Aber unter politischer oder gesellschaftlicher Perspektive war sie eher eine marginale Größe.

Seite an Seite mit dem Staat kämpfend fühlte sich die Kirche aus ihrer Außenseiterrolle scheinbar ins Zentrum des Geschehens gerückt, scheinbar endlich ernst genommen in ihrer ‚wahren' Rolle und Bestimmung, korrumpiert und ‚komplimentiert', um mit starker Unterstützung gegen jegliche Form von Aufklärung, Modernismus, Liberalismus, Sozialismus, ja Bolschewismus, die als die wahren Feinde jeder deutsch-nationalen und somit christlichen Gesellschaft stigmatisiert wurden, widerstehen, ja, streiten zu können.

Im März 1934 schrieb der evangelische Pfarrer Hermann Grüner, Führer der ‚Kampfstaffel Deutsche Christen':

‚1. In Hitler ist die Zeit erfüllt für das deutsche Volk. Denn durch Hitler ist Christus, Gott der Helfer und Erlöser, unter uns mächtig geworden. Darum ist der Nationalsozialismus positives Christentum der Tat.

[82] Im Folgenden differenziere ich nicht zwischen evangelischer oder katholischer Kirche, denn die Unterschiede zwischen beiden waren und sind, was das behandelte Thema anbelangt, relativ unerheblich.

2. Hitler (der Nationalsozialismus) ist jetzt der Weg des Geistes und Willens Gottes zur Christuskirche deutscher Nation. Mit lutherischem Glaubensmut wagen wir Deutschen Christen darum, mit bewährten alten Steinen (Bibel und Bekenntnis) und neuen Steinen (Rasse und Volkstum) im Glauben diese Kirche zu bauen.'[83]

Und der Erzbischof von Freiburg im Breisgau Conrad Gröber empfahl in einem ‚Handbuch der religiösen Gegenwartsfragen' mit einer Empfehlung an das deutsche Episkopat: ‚In der gegenwärtigen Schicksalsstunde unserer Nation stellen sich die Leiter der Kirche in besonderer Treue an die Seite der Männer des Staates, entschlossen zur Abwehr des gemeinsamen Feindes. Indem sie für das Christentum und den echten Gottesglauben im deutschen Volk kämpfen, stützen sie auf ihre Weise am wirksamsten den Wall, den in unserem Vaterland der Führer gegen den Bolschewismus aufgeworfen hat.'[84]

So traf der Kriegsbeginn die Christen in Deutschland weder unerwartet noch unvorbereitet. Im Gehorsam und Dienst eingeübt, daran gewohnt und biblisch legitimiert durch Römer 13, nach dem dem Staat, das zu geben ist, was des Staates ist, stellten die Kirchen den Armeen Hitlers bereitwillig ihre Feldgeistlichen an die Seite, egal wohin der Krieg sie auch führen sollte, egal an welchen Aktionen die Divisionen auch beteiligt werden würden. Die Fragen, ob der Krieg gerecht wäre, den Hitler führen wollte, und ob die Teilnahme an ihm erlaubt oder verboten sei, wurden von den Bischöfen beider Konfessionen nicht gestellt. Im Gegenteil, wie schon im ersten Weltkrieg sollte die Feldseelsorge das ‚wichtigste Mittel zur Stärkung der Schlagkraft des Heeres'[85] darstellen. Und ihre Loyalität noch einmal überbietend formulierten die Feldgeneralvikare 1942, dass der Einsatz der Soldaten und ihr möglicher Tod ein Opfer sei, der die gehorsame, in der Nachfolge Christi stehende Folge aus dem Opfertod Christi für uns sei.[86]

So dienten die Kirchen nicht nur als ‚willige Vollstrecker', sondern sogar als Sinngeber. Sinngeber über den Krieg hinaus, denn im Blick auf die gefallenen deutschen Soldaten kommt religiöser Opferterminologie in der Hermeneutik der Verarbeitung des millionenfachen, sinnlosen Sterbens im 2. Weltkrieg eine besondere Rolle zu. Sprachgebrauch in der einschlägigen Literatur, ja überdimensionierte Altäre auf deutschen Soldatenfriedhöfen, wie zum Beispiel auf dem in Costermano / Verona, belegen dies.

Nach dem Krieg wäre es für ein ‚nostra culpa' Zeit gewesen. Es wäre notwendig, ja, dringlich geboten gewesen, die eigene Schuld und Verantwortung zu benennen. Sicher: es gab im Oktober 1945 das Stuttgarter Schuldbekenntnis der sich neu gegründeten EKD, das Vertretern der Ökumene gegenüber formuliert

[83] Zitiert nach Paul Gerhard Schoenborn, Die Barmer Theologische Erklärung: Eine hilfreiche Einführung – eine gefährliche Erinnerung?, Simmern, S. 77

[84] Zitiert nach Heinrich Misalla, Für Gott, Führer und Vaterland, München 1999, S. 32.

[85] Vgl. ebenda, S. 44.

[86] Vgl. ebenda, S. 51.

wurde. Aber dieses Schuldbekenntnis war halbherzig, besser gesagt, viertelherzig, denn das Eingeständnis, dass selbst die Kirchen Schuld trugen am NS-Regime und ihrem Krieg, wollte auch nach der Katastrophe nicht über die Lippen kommen. Über die Verbrechen der Wehrmacht, der SS und der SA, über die Shoah, verlor Stuttgart kein Wort.

Vor allem sollte es nicht an die deutsche Öffentlichkeit gelangen, sondern lediglich als Eintrittskarte in die weltweite Kirchengemeinde vorgezeigt werden. Als das Stuttgarter Schuldbekenntnis dann doch in den deutschen Gemeinden bekannt wurde, war die Reaktion überaus heftig. Viele evangelische Christen drohten mit Kirchenaustritt, weil sie eigene Schuld weder sahen, noch sie zu bekennen gedachten.

Auch nach größerem zeitlichem Abstand vom Ende des Krieges und seinen Verbrechen gegen die Menschlichkeit kam kaum ein Gedanke an Selbstkritik auf. Gegen eine Entnazifizierung in den Kirchen wehrten sich die Kirchenleitungen vehement. Nach außen wurde argumentiert, wenn Entnazifizierung, dann sei dies allein eine innere Angelegenheit der Kirche[87], da dürfe sich kein Dritter einmischen, auch keine Besatzungsmacht.

Nach innen wurden sehr schnell Koalitionen zwischen Vertretern der Deutschen Christen, der Bekenntnisgemeinden und derer, die sich dem NS-Regime gegenüber neutral verhalten hatten, geschlossen. So geschah es in der Kirchenleitung der Evangelischen Kirche im Rheinland, damit, wie es hieß, die Rechtskontinuität bewahrt bleiben konnte[88]. Außerdem würde eine Vorherrschaft der Bruderräte der Bekennenden Kirche in der Kirchenleitung ‚bei der kirchenpolitischen Mentalität vieler rheinischer Pfarrer bzw. Gemeinden' [89] zu Missverständnissen führen. Also wurde die sich verabschieden wollende Kirchenleitung der Deutschen Christen von den die Verantwortung in der Kirchenleitung übernehmen sollenden Vertreter der Bekennenden Kirche eingeladen, die Kirche doch nun gemeinsam zu leiten. Und das wenige Kilometer von Barmen entfernt, wo 1934 die Barmer theologische Erklärung beschlossen wurde. Und es waren zum Teil die gleichen Personen, die sich gegenüber standen damals und dann.

Was mit ‚Mentalität' und ‚Missverständnissen' gemeint war, soll an einigen Zahlenbeispielen deutlich werden: in der Hessischen und Württembergischen Kirche galten etwa ein Drittel aller aktiven Pfarrer als ‚belastet'. In der Bayrischen Kirche ein Viertel, in Bremen waren 51 von 55 betroffen.[90] Eine Entnazifizierung hätte also die pfarramtliche Versorgung der Gemeinden erheblich in Frage gestellt. Dazu kam die Angst, die konservativen, traditionellen Kreise zu verlieren und den aufklärerischen, modernen, demokratischen, ja liberalen und linken

[87] Wird nicht heute in den Missbrauchsfällen wieder ähnlich argumentiert?
[88] Vgl. Günter von Norden, Der schwierige Neubeginn, Bovenden, 1996, S. 12.
[89] Vgl. ebenda, S. 17.
[90] Vgl. Clemens Vollnhals, Evangelische Kirche und Entnazifizierung 1945-1949, München 1989, S. 284f.

Gedanken und ihren Vertretern mehr Raum geben zu müssen. Dies war Mitte der 30iger Jahre schon Motivation für die uneingeschränkte Solidarität vieler Kirchenmänner mit dem Hitlerstaat und seinem Krieg, dies wurde nun wieder Anlass, von einer Entnazifizierung in der Kirche abzusehen.

Und in einer Kanzelmitteilung verbot im Februar 1948 Martin Niemöller, einer der führenden Vertreter der Bekennenden Kirche, allen Pfarrern, an der Entnazifizierung mitzuwirken. Sie sei ein ‚parteipolitisches Machwerk' und diene nur dazu, die deutsche Intelligenz zu beseitigen.[91]

So kam es weder innerhalb der Kirche zu einer Entnazifizierung, noch nach 1948 zu einer Mithilfe bei der Entnazifizierung der Gesellschaft und damit wurde die Kirche bereitwilliger gehorsamer Helfer beim Wiederaufbau Deutschlands Adenau'scher Prägung.

Mehr noch: über die sogenannten Rattenlinie, eine von US-amerikanischen Geheimdienst- und Militärkreisen geprägte Bezeichnung, gelang es nach dem Zweiten Weltkrieg unter aktiver Beteiligung hochrangiger Vertreter der katholischen Kirche einer großen Zahl von NS-Tätern, Faschisten und Kollaborateuren aus verschiedenen europäischen Ländern, sich einer strafrechtlichen Verfolgung zu entziehen.

Die Fluchtrouten führten über Italien (meist von Südtirol nach Genua) oder über Spanien (das unter Herrschaft des mit Hitler verbündeten Diktators Franco stand) nach Südamerika und dort hauptsächlich nach Argentinien, so zum Beispiel Adolf Eichmann.

Und wen kann es aus diesem Grunde wundern, dass nationalsozialistische Ideologie, ihr Rassismus und Antisemitismus ihre Kontinuität auch in der Kirche fanden. So gibt es bis heute, trotz verbal formulierter und in Kirchenordnungen Platz gefundener Bekenntnisse zur Gemeinsamkeit zwischen Christen und Juden, in Theologenkreisen einen sehr subtil kommunizierten Rassismus[92] und einen oft in biblizistisch argumentierender Manier verdeckten Antisemitismus[93].

Darüber hinaus ist ein selbst verschuldetes seelsorgerliches Dilemma zu beobachten, in dem die Kirchen steckten. Denn war es nicht im Blick auf ihre Verstrickung in das Regime der NS-Diktatur, ihrem wenig ausgeprägten Schuldbewusstsein und ihrer Verhinderung der Entnazifizierung auch in den eigenen Reihen geradezu ausgeschlossen, ihrer seelsorgerlichen Verantwortung nachzukommen, wenn sich Männer an sie hätten wenden wollen, die nach dem

---

[91] zitiert nach Ansgar Schöller, Britische Einflüsse auf die öffentliche deutsche Nachkriegsdiskussion der Schuldfrage, in: Öffentlichkeit der Moderne. Die Moderne in der Öffentlichkeit. Das Rheinland 1945-1955, Essen 2000, S. 40.

[92] Trotz teilweise guter kirchlicher Arbeit in Flüchtlings- und Asylfragen wird deren politische Dimension kaum von der breiten Masse der TheologInnen und Gemeinden getragen. Auch deren gesellschaftliche Folgen werden häufig nur widerwillig zur Kenntnis genommen. Die schleppende Beschäftigung mit dem Islam wird in kirchlichen Gremien und Gemeindegruppen selten als Möglichkeit des den Frieden fördernden Dialogs, eher als weitere Möglichkeit zur Abgrenzung genutzt.

[93] Als ein Beispiel möge die immer wieder aufkommende Frage der ‚Judenmission' dienen.

Krieg im Überdenken ihrer Positionen und Tätigkeiten in der Wehrmacht, in der SS, der SA, der Polizei oder anderer Gruppen ihr Gewissen erleichtern, ihre Schuld bekennen und um Vergebung bitten wollten, um damit einen Neuanfang wagen zu können.

Nur eine entnazifizierte Kirche, im konkreten und nicht verwässernden Bekenntnis eigener Schuld hätte im Nachkriegsdeutschlands das Vertrauen haben und darum eine wichtige Aufgabe zum moralisch-ethischen Wiederaufbau der Gewissen der Einzelnen und der Gesellschaft erfüllen können. Aber Wiederaufbau von Gebäuden und kirchenleitenden Strukturen waren ihr nicht nur wichtiger, das andere konnte und wollte sie nicht leisten. Sie hatte sich selbst diese Chance genommen.

Und so musste eine ganze Generation von Männern (und Frauen) ihre Schuld mit sich tragen, waren vielleicht zwar ‚gottgläubig', aber den Weg zur Kirche fanden sie nicht mehr.

Heute, nach Jahrzehnten, nehmen die einen wie die anderen an Jubiläumskonfirmationen teil, fragen nach kirchlicher Begleitung der Goldenen Hochzeit (und kirchlicher Bestattung) und hoffen, dass über ihre Vergangenheit kein Wort mehr gewechselt wird. Denn die über siebzig Jahre, die seit dem Krieg vergangen sind, hat sie in ihrer Möglichkeit, über diese Dinge zu sprechen, hilflos gemacht.
Damals wollte und konnte ihnen keiner zuhören, weil jeder dieses Gespräch scheute, ja fürchtete, denn es wäre ein Zwiegespräch geworden.
Heute will auch keiner mehr darüber sprechen oder zuhören, denn irgendwann muss auch einmal Schluss sein mit diesem ‚Sühnestolz', oder?

Die Erinnerung, die stört

1. Die Erinnerung ist nicht Selbstzweck.

Die Erinnerung darf stören, muss stören, wenn sie nicht Nostalgie ist, also die Sehnsucht nach der unwiederbringlich verlorenen Zeit. Die Erinnerung darf stören, muss stören, wenn sie zum Einhalten anregen will, zum Einhalten, zum Bedenken dessen, was war. Und wenn es nicht gut war, wenn es falsch war, was war, wenn es in die Katastrophe führte, muss die Erinnerung, wenn sie nicht masochistische oder sadistische Erinnerung ist, muss sie zum Umdenken führen, damit die Zukunft eine andere wird, damit meine, unsere Zukunft eine andere wird.

Darum muss Erinnerung stören, zum Einhalten bewegen. Aber sie darf nicht verletzen. Denn Erinnerung, die verletzt, öffnet, motiviert nicht zum Nachdenken und dann gegebenenfalls zum Umdenken, sondern schließt, führt in die Haltung der Verteidigung, der Rechtfertigung und ermöglicht weder Dialog, noch Begegnung, sondern, wie Martin Buber einmal sagte, führt in die ‚Vergegnung', in einen misslingenden Dialog, in eine Begegnung, die von vornherein zum Scheitern verurteilt ist.

An dieser Stelle soll es ganz konkret um die Erinnerung an die Geschehnisse im Zweiten Weltkrieg und an die Shoah gehen.

Es gibt in ganz Europa keine Familie, die von den Ereignissen des Zweiten Weltkrieges nicht betroffen worden wäre, und die heute noch mit Schrecken an diese Zeit zurückdenken oder die durch deren Geschichten betroffen wären. Es wird keine jüdische Familie in der ganzen Welt geben, die nicht einen Teil, oft sogar einen großen Teil ihrer Angehörigen in den Arbeitslagern, in den Gaskammern und Verbrennungsöfen der von Deutschen errichteten Konzentrationslagern verloren hat. Und die Erinnerung ist präsent. Und sie wird präsent bleiben, auch wenn die noch wenigen Überlebenden bald gestorben sind. Denn die Kinder leben weiter und die Enkelkinder und mit ihnen das Schweigen, und der Schmerz, und die nicht auszusprechende Wut, das Unverständnis, die oftmals das Leben der Überlebenden begleitete, die die Nachkommen im Hause bei Tisch der Eltern und Großeltern erleben und oftmals ertragen mussten. Darum stört die Erinnerung nicht nur, sondern tut auch weh, schmerzt bis heute, teilweise bis ins Unerträgliche.

Aus diesem Grunde sollten wir, wenn wir erinnern, barmherziger und gnädiger sein, in erster Linie und vor allem mit denen, die wir erinnern, erinnern wollen, erinnern zu müssen meinen. Denn auch der Schmerz schließt, kann einen gewünschten, gewollten Dialog und somit eine Veränderung (Veränderung auch insofern, als sie aus dem Schmerz herausführen könnte) verhindern. Barmherziger und gnädiger aber sollten wir dann auch mit uns selbst sein.

Trotz allem werde ich in der Erinnerung Position beziehen müssen. Ich muss wissen, auf wessen Seite ich mich in der Erinnerung stelle: auf die Seite der Opfer oder auf die Seite der Folterer, der Henker. Eine störende Erinnerung ist es für alle beide. Eines barmherzigen Erinnern bedürfen beide.

Jedoch muss ich mir klar sein darüber, weshalb ich erinnere und erinnern will. Und da es um den Schrecken, das Leid, die Vernichtung einzelner Menschen ging, Männer, Frauen und Kinder, wenn auch in der Summe um Millionen und Abermillionen, sollte diese Erinnerung sich jeglicher Instrumentalisierung enthalten, darf keiner parteipolitisch, keiner ideologisch oder religiös motivierten Auseinandersetzung Raum geben.

Erinnerung darf nicht zu neuer Polemik führen, zu neuer destruktiven Auseinandersetzung, sondern nur zum Guten, zur Veränderung, zur Erlösung aus all dem, was das friedliche und konstruktive Miteinander von Menschen in dieser Welt bisher wenig möglich machte, oft sogar zu neuen kriegerischen und menschenverachtenden Auseinandersetzungen führte.

Und da braucht es bei allen einen langen Lernprozess, auch bei mir.

2. Erinnert werden und erinnern

Es war im Jahre 1986. Seit 1982 war ich Pfarrer einer kleinen Landgemeinde in der Eifel. Eine kleine Gruppe von Pfarrern aus meinem Kirchenkreis machte einen Besuch in Rotterdam, um dort holländische Pfarrer zu treffen. Erfahrungen in der jeweiligen Gemeindearbeit sollten ausgetauscht werden.

Der erste Abend sollte der Begegnung, dem Kennenlernen dienen. Ein kleines Fest war von unseren holländischen Gastgebern organisiert. Nach dem Abendessen begann der gemütlichere Teil. Persönliche Erfahrungen wurden ausgetauscht, kleine Anekdoten aus bisher Erlebtem wurden erzählt. Dann stand ein älterer holländischer Kollege auf und begann vom Krieg zu erzählen und davon, was er und seine Familie unter der Gewalt deutscher Soldaten zu erleiden hatte. Und während er erzählte, begann er zu weinen. Und er schloss damit, dass diese Begegnung an diesem Abend das erste Mal sei, dass er nach dem Krieg mit Deutschen zusammen kam, und dass er nicht feiern könne. Die Erinnerungen wären zu grausam, säßen tief in seinem Bewusstsein, wären so real, als ob alles gestern geschehen wäre.

Das Fest war vorbei. Andere Kollegen standen auf und erzählten Vergleichbares. Wir, die Pfarrer aus Deutschland, saßen schweigend und betroffen da und hörten zu.

Es war für mich das erste Mal, dass ich mit dem persönlichen Leid direkt konfrontiert wurde, das Deutsche einem Menschen zugefügt hatten. Sicher hatte ich Filme gesehen, Bücher gelesen. Aber die Erzählung dieses Mannes ging mir unter die Haut. Und mir wurde klar: auch wenn ich nach dem Krieg geboren worden bin, aus der Geschichte dieses meines Volkes kann ich mich nicht herausschleichen, kann nicht sagen: das geht mich alles nichts an, ich habe damit nichts zu tun, ich bin 8 Jahre nach Ende des Krieges geboren.

Mir wurde klar, dass ich mich der Vergangenheit und der Tradition der Deutschen zu stellen hatte, dass ich mich mit ihr zu beschäftigen hatte. Denn es ging hierbei um die Wurzeln meiner Identität, meiner Kultur, meiner Geschichte. Und da gab es nicht nur Schiller, Goethe, Beethoven, Bach, Kant und Freud, sondern auch Hitler, Goering, Goebbels und Himmler.

Wenn Zukunft gelingen soll, dann nur in der Erinnerung, im Rückgriff, in der Reflektion und der Aufarbeitung der Vergangenheit, um heute in der Gegenwart zu verändern, was Zukunft positiv gestalten kann.

3. Verweigerte Erinnerung, Teil 1

Im Jahre 1990 wurde ich eingeladen[94], um auf dem deutschen Soldatenfriedhof in Costermano in der Nähe von Verona, auf dem knapp 22.000 deutsche Soldaten beerdigt liegen, an einer Feier zum Volktrauertag[95] teilzunehmen.

Meine Aufgabe sollte es sein, dort im Rahmen der Feier als Vertreter der Kirchen ein Gebet zu sprechen. Wie in jedem Jahr hatte der Volksbund Deutsche Kriegsgräberfürsorge[96] dazu eingeladen.

Zuvor, im Jahre 1988 hatte der italienische Historiker Adolfo Scapelli in einem Buch dargestellt, dass auf diesem Soldatenfriedhof neben etwa 60 Angehörigen der SS auch drei bekannte Kriegsverbrecher beigesetzt sind. Ich informierte mich bei dem damaligen deutschen Generalkonsul in Mailand über die Situation und die geplante Veranstaltung in Costermano und sagte meine Teilnahme ab. In einer Begründung an den Volksbund schrieb ich:

---

[94] Im Dezember 1989 hatte ich meinen Dienst als lutherischer Pfarrer in der Chiesa Cristiana Protestante di Milano begonnen.

[95] Siehe auch: HUMANITAS 4, Morcelliana, agosto 1997, pp 636ss.

[96] Der Volksbund ist ein in der Bundesrepublik Deutschland sehr einflussreicher Verein, der sich der Pflege der deutschen Soldatengräber in aller Welt annimmt und dafür vom deutschen Staat jedes Jahr etwa 35 Millionen Euro aus dem Etat des Familienministeriums erhält.

„Diese Männer (Wirth, Reichleitner und Schwarz) tragen mit Verantwortung für die versuchte Vernichtung eines ganzen Volkes, der 6 Millionen Juden zum Opfer fielen. Noch heute gibt es überall auf der Welt unzählige Menschen, die allein im Nachdenken über diese Ereignisse mit großer Trauer, Erschrecken und Angst reagieren, die gleiche Angst, die sie noch heute Menschen unseres Landes gegenüber empfinden. Aus Solidarität mit diesen Menschen sehe ich mich nicht in der Lage, an Ihrer Zeremonie teilzunehmen. Darüber hinaus habe ich als Pfarrer einer Kirchengemeinde die Aufgabe der Verkündigung, die sich nicht allein auf den Gottesdienst beschränkt, sondern auch, wenn auch in geringerem Masse, Religionsunterricht zu erteilen.

In diesem Bewusstsein kann ich nicht mit gutem Gewissen sonntags an dem Grab eines Kriegsverbrechers beten und in der nachfolgenden Woche mit Jugendlichen oder Erwachsenen über die schrecklichen Ereignisse nachdenken, die sich in Europa zwischen 19333 und 1945 zugetragen haben.'

Ich ergänzte, dass ein großer Teil der Kirche im 3. Reich nicht sehr glaubwürdig war, weil sie angesichts der unzähligen Verbrechen während des 3. Reichs schwieg. Ich, für meinen Teil jedenfalls, wollte aus der Geschichte unserer Kirche lernen.

Nachdem eine große deutsche Tageszeitung über diesen Vorfall berichtet hatte, bat mich meine Kirchenleitung in Deutschland um einen Bericht. In einer Antwort ging die Kirchenleitung nicht auf die Begründung meiner ‚verweigerten Erinnerung' ein, sondern meinte, ich solle doch als Pfarrer, wenn wir als Kirche schon gerufen würden, das sei ja nicht mehr selbstverständlich in unserer Zeit, mein ‚Sprüchlein' sagen, damit war das Gebet gemeint, und darüber hinaus schweigen.

Es war das erste Mal, dass die unterschiedlichen Auffassung über die Frage des ‚Wie des Erinnerns' zwischen meiner Kirchenleitung und mir zu Tage traten.

Ich blieb bei meiner Absage und nahm auch in Zukunft an keiner Veranstaltung des Volksbundes in Costermano teil.

Zu Beginn des Jahres 2002 kam es zu einer erneuten Auseinandersetzung zwischen mir, meiner Kirchenleitung und dem Volksbund Deutsche Kriegsgräberfürsorge. Ich entdeckte im Kollektenplan der Evangelischen Kirche im Rheinland, dass am Sonntag Septuagesimae die Kollekte für die Jugendarbeit des Volksbunds Deutsche Kriegsgräber gesammelt werden sollte.

In einem Brief an die Kirchenleitung bat ich die Kirchenleitung, die Kollekte für den Volksbund noch einmal zu überdenken. Zwar käme dem Volksbund das Verdienst zu, sich in aller Welt um die Gräber der in den Kriegen gefallenen deutschen Soldaten zu kümmern. Jedoch würde durch keinerlei Hinweise auf den deutschen Soldatenfriedhöfen darauf hingewiesen, dass die Gefallenen, zumindest was den 2.Weltkrieg anbelangt, in einem auch aus rassistischen

Gründen von deutscher Seite geführten Angriffskrieg gefallen sind, dass einige der auf diesen Friedhöfen beigesetzten Männern möglicherweise auch an Kriegsverbrechen beteiligt waren, dass sogar, wie in Costermano, namentlich bekannte Kriegsverbrecher auf deutschen Soldatenfriedhöfen begraben sind. Ich fragte, ob die Kirche mit ihrer Kollekte die Arbeit einer Einrichtung unterstützen wolle, in der Jugendliche mit bewusst verstellten, verfälschten, korrigierten, ja geschönten Informationen zum Krieg der Deutschen konfrontiert würden.

In einer Antwort reihte die Kirchenleitung einige Argumente aus Werbematerial des Volksbundes auf, um die ‚versöhnende Arbeit des Volksbundes' zu dokumentierten, ohne jedoch auf meine Fragen einzugehen, ja, machte sich in ihrer Antwort ein wenig freundliches Urteil des Vorstandes des Volksbundes über mich und meine Anfrage zu eigen, dem sie mein Schreiben (mein Name war nicht geschwärzt) an meine Kirchenleitung weitergegeben hatte.

Inzwischen, aber erst nach Jahren, hat die Kirchenleitung die Kollekte für den Volksbund Deutsche Kriegsgräberfürsorge eingestellt.

4. Verweigerte Erinnerung, Teil 2

Im Herbst 2001[97] bat mich ein Ehepaar, mit ihnen einen Gottesdienst zum 50. Jahrestag ihrer Hochzeit zu feiern.

Bei einem vorbereitenden Gespräch erfuhr ich Folgendes: Der Ehemann war 1933 aus der Kirche ausgetreten. Als einer der ersten war er freiwillig in die Waffen-SS eingetreten. Die Kriegszeit war für ihn die wichtigste und schönste Zeit seines Lebens, an die er sehr viele gute, aber auch schlimme Erinnerungen hatte. Die SS war für ihn eine Art ‚Erste Hilfe' für in Not geratene Wehrmachtssoldaten. Wie oft hätte seine Einheit in letzter Minute geholfen und Leben gerettet.

Gehorsam, Dienst und Kameradschaft waren für ihn die Haupttugenden eines Mannes. Was man heute in der Öffentlichkeit über die SS lesen und hören könnte, sei eine Verfälschung der geschichtlichen Wahrheit und hätte mit der Wirklichkeit des Krieges nichts zu tun gehabt.

Nach dem Krieg hatte er aus Gründen, die er mir nicht mitteilen wollte, für längere Zeit in der Nähe von Hamburg in einem Gefängnis für Kriegsverbrecher eingesessen. Auf meine Nachfrage nach seinem Wunsch gemeinsam mit seiner Frau die Gottesdienst zum 50. Jahrestag ihrer Eheschließung zu feiern, meinte er, dass er dies nur seiner Frau zu Liebe tun würde, denn bis heute hätte sich nichts an seiner distanzierten Haltung zur Kirche geändert, die aus der damaligen Zeit

[97] Im Dezember habe ich den Pfarrdienst in Hamm an der Sieg in der Evangelischen Kirche im Rheinland aufgenommen.

resultierte. Auch wäre seine politischen Position, seine Grundhaltung und Überzeugung heute die gleiche wie damals.

Nachdem ich mich im Anschluss an das Gespräch noch einmal sehr ausführlich über die Rolle der Waffen-SS im 3. Reich informiert hatte, teilte ich dem Ehepaar mit, dass es mir nicht möglich wäre, den Gottesdienst mit ihnen zu feiern. Denn dem Dank, der Fürbitte und dem Segen müssten auch Nachdenken über Vergangenes und Bekenntnis der Sünden und Bitte um Vergebung vorangehen, was die Biographie des Ehemannes nicht aussparen könnte. Dazu hätte aber im vorbereitenden Gespräch von Seiten des Ehemannes jegliche Intention gefehlt. Gleichzeitig bot ich dem Ehemann ein seelsorgerliches Gespräch an, in dem er vielleicht seine ‚Vergangenheit' kritisch reflektieren könnte. Eine Antwort erhielt ich nicht. Ich hatte zuvor einen älteren Kollegen gefunden, der gerne den Gottesdienst an meiner Stelle mit dem Ehepaar feiern würde. Ich fragte in meiner Landeskirche nach, wie Kollegen in ähnlichen Situationen entschieden hätten, und ob es von Seiten der Kirche Orientierungshilfen gäbe.

Auch in diesem Fall antwortete meine Kirche mit großem Unverständnis auf meine Weigerung, den Gottesdienst zu feiern, ja, stellte meine theologische und seelsorgerliche Kompetenz in Frage. Ähnliche oder vergleichbare Anfragen wie meine hätte es noch von keiner Seite an die Kirche gegeben. Darüber hinaus sei meine Aufgabe nicht die des Richters, sondern Menschen die Vergebung aus dem Evangelium zuzusprechen.

5. Die Erinnerung, die stört

Im November 2002 gab es ein Ereignis, dass viele Einwohner des 3000 Seelen-Ortes im Westerwald[98] sich über Wochen hin entsetzt aufregte, dass sich eine Tageszeitung über zwei Wochen veranlasst sah, Leserbriefe abzudrucken, dass der Superintendent mir mit dienstrechtlichen Konsequenzen drohte und der Vertreter der Kirchenleitung der Evangelischen Kirche im Rheinland aus Düsseldorf anreiste, um, wie er meinte, von mir verursachten großen Schaden von der Kirche, abwenden zu müssen? Was war geschehen?

Wie in den Jahren zuvor lud ich als Pfarrer der Evangelischen Kirchengemeinde anlässlich der so genannten ‚Reichskristallnacht' auf den Synagogenplatz in Hamm zu einer Gedenkfeier. Es war der Ort, wo in der Nacht vom 9. zum 10. November die Synagoge von Hamm angezündet und ein Opfer der Flammen wurde. Als Thema wählte ich ‚Wo sind sie geblieben?', eine Zeile aus dem von Marlene Dietrich gesungenen Lied ‚Weißt Du, wo die Blumen sind'.

Meine Ansprache, die ich während der Gedenkfeier hielt, hatte drei Teile.

[98] 1995 wechselte ich von Mailand als Pfarrer nach Hamm an der Sieg.

Im ersten sprach ich über Marlene Dietrich, die mit der Machtergreifung Hitlers aus Protest Deutschland verließ, 1937 die amerikanische Staatsbürgerschaft annahm, was die Deutschen ihr nie vergaßen. Erst vor wenigen Jahren war sie in Berlin, ihrer Geburtsstadt, zur Ehrenbürgerin erklärt worden.

Im zweiten Teil erzählte ich von Heinrich David, seiner Frau Hedwig und ihrer vierjährigen Tochter Ilse. Sie wohnten in einem Haus in unmittelbarer Nähe der Synagoge, eines der wenigen ehemals jüdischen Häuser, das heute noch dort an gleicher Stelle steht, nun aber dem Bau eines Einkaufzentrums[99] weichen sollte. Am 8. November wurde Heinrich David mit den anderen jüdischen Männern verhaftet, am 10. November durch den Ort getrieben. Sein Bruder Karl musste ein Schild um den Hals tragen, auf dem ‚Judenschwein' zu lesen war. Am gleichen Tag stürmten SA-Leute das Haus von Heinrich David. Hedwig und Tochter Ilse flohen vor das Haus auf die Straße. Die SA-Männer schlugen im Haus alles kurz und klein. Möbelstücke, Porzellan und Bettwäsche flogen aus den Fenstern. Auch die kleine Puppe von Ilse. Ein kleines Mädchen aus der Nachbarschaft kam vorbei, hob die Puppe auf, um mit ihr zu spielen. Da riss der SA-Mann Emil D. dem Kind die Puppe aus der Hand und zertrat sie auf der Straße.

In einem dritten und letzten Teil meiner Ansprache berichtete ich über das Schicksal einer iranischen Familie, die als Asylbewerber viele Jahre in Hamm wohnten, aber über Nacht weggebracht wurden. Ich fand sie in einem Lager, in dem sie zu ihrer ‚freiwilligen' Rückreise in den Iran ‚überredet' werden sollten. Fotos, die ich bei meinem Besuch in diesem Lager aufnahm, stellte ich zu einer Fotoausstellung zusammen, die im Anschluss an die Gedenkfeier auf dem Synagogenplatz im Gemeindehaus eröffnet werden sollte. Auch sie stand unter dem Thema ‚Wo sind sie geblieben?'

Eine vielgelesene Tageszeitung veröffentlichte aus meiner Ansprache die Geschichte mit Ilses Puppe. Und die Ruhe in Hamm an der Sieg war vorbei. Am Morgen erreichte mich der Anruf der Tochter von Emil D., von deren Existenz ich bis dahin nichts wusste, denn sie trug den Nachnamen ihres Ehemannes. Sie verlangte von mir, diese ungeheure Behauptung in der Zeitung zu widerrufen: ihr Vater sei nie in der SA gewesen. Ich antwortete ihr, dass ich leider andere Informationen hätte, außerdem würde ein Foto, das den Vater in SA-Uniform zeigte, seine Mitgliedschaft in der SA bestätigen.

Zwei Tage später erschien der erste Leserbrief in der Zeitung, dem über 14 Tage hin weitere folgten. Wie die Zeitung auf meine Anfrage bestätigte, konnte sie nur einen kleinen Teil der inzwischen bei der Zeitung eingetroffenen Briefe abdrucken, einige überhaupt nicht, da diese strafrechtliche Tatbestände zum Inhalt hätten. In den Leserbriefen wurde mir unter Anderem vorgeworfen, dass ich einen angesehenen Bürger aus Hamm öffentlich diffamiert und beleidigt und damit auch

[99] Von den Plänen, dort ein Einkaufszentrum zu errichten, ist man später abgerückt, und hat an dieser Stelle, das Haus integrierend, ein Kulturhaus erbaut. Bei den Bauarbeiten dazu wurden die Grundsteine einer älteren Vorgängersynagoge der Ende des 19. Jahrhunderts errichteten Nachfolgesynagoge und eine Mikwe entdeckt.

seine Angehörigen in den Schmutz gezogen hätte. Ich hätte eine Gedenkfeier zur Agitation missbraucht und wollte mit meinen hetzerischen Gedanken nur Unruhe stiften. In einem Leserbrief wurde meine Entlassung gefordert. Ich erfuhr, dass es keinen Ort und keine Gelegenheit in Hamm gäbe, wo über diesen Vorfall nicht heftigst diskutiert wurde.

Mit mir sprach kaum jemand. Einige Mitglieder der Kirchengemeinde erklärten ihren Austritt aus der Kirche. Zwei Briefe, die an den Präses der Evangelischen Kirche im Rheinland gerichtet waren, meinten, dass ich für die Gemeinde in Hamm untragbar wäre und wiederholten die Forderung meiner Entlassung.

Dies veranlasste die Kirchenleitung in Düsseldorf, mich ins Büro des Superintendenten des Kirchenkreises zu bestellen. Hier wurde mir der Vorwurf unterbreitet, dass ich mit der Nennung des Namens von Emil D. der Kirche großen Schaden bereitet hätte. Dies wies ich in dem Gespräch zurück, ich hätte, um so authentisch wie möglich zu berichten, und um die Geschehnisse aus der universalen Anonymität in eine konkrete, Betroffenheit erweckende Geschichte zu übertragen die Namen der Opfer, die der Familie David, wie auch die Namen der Täter genannt. Denn so wie Opfer Namen und Gesichter hatten, hatten dies auch die Täter. Es könnte doch nicht sein, vor allem nach inzwischen 64 Jahren, die Namen der Opfer nennen zu dürfen, die Namen der Täter aber immer noch verschweigen zu müssen.

Darüber hinaus hätte ich mit keinem Wort ein Familienmitglied von Herrn D. genannt, beziehungsweise diffamiert oder beschimpft. Emil D. jedoch sei, obwohl seit einigen Jahren tot, noch heute im ganzen Ort wegen seiner herausragenden Tätigkeit in der SA bekannt. Er wäre sogar für einige Zeit wegen seiner Taten nach dem Krieg von den Franzosen interniert worden.

Sowohl der Delegierte der Kirchenleitung, wie der Superintendent beurteilten mein Handeln als seelsorgerlich unverantwortlich, weil die Angehörigen noch in Hamm wohnen würden. Ich erwiderte, dass mir das nicht bekannt war und dass man dies ja leider von Angehörigen der jüdischen Mitbürger nicht mehr sagen könnte, denn die seien alle in den KZs vergast worden. Außerdem fände ich es unerträglich, dass die Kirche zu diesen Dingen immer noch schweigen wollte, denn schließlich wäre sie in weiten Teilen ihrer Strukturen in den Nationalsozialismus und ihre Schrecken zutiefst verstrickt gewesen, hätte der Shoah den Weg bereitet und nach dem Krieg auch die eigene Schuld unter den Teppich gekehrt.

Wenn aber der Rheinische Synodalbeschluss von 1980 zur Erneuerung des Verhältnisses von Christen und Juden nicht nur bedrucktes Papier bleiben sollte, dann müsse mit seinem Inhalt in konkreten Situationen auch ernst gemacht werden. Und eine solche Konkretion stelle für mich die möglichst authentische Darstellung der Vorfälle dar, und dazu gehören für mich auch die Personifizierung der Vorfälle und somit auch die Namen der Täter.

Ich würde mich zum Richter über Menschen aufspielen, hörte ich nun von meinem Gegenüber, und hätte die Ansprache auf dem Synagogenplatz genutzt, um Unfrieden zu stiften und zu verletzten. Auch diese Vorwürfe wies ich zurück. Wenn mein Verhalten schon mit juristischen Begriffen verglichen würde, so verstünde ich mich solidarisch als Anwalt auf der Seite der Opfer. Hier sei mein Ort.

Dem Gespräch folgte ein Briefwechsel, in dem wir noch einmal die verschiedenen Positionen austauschten und ich dezent auf dienstrechtliche Konsequenzen hingewiesen wurde.

Das Presbyterium meiner Gemeinde reagierte, auch bei einem Besuch des Superintendenten, unterschiedlich, Verständnis und Solidarität für meine Position auf der einen Seite, Beurteilung als seelsorgerlich unverantwortliches Handeln und die Forderung nach einer Entschuldigung meiner Seite bei den Angehörigen auf der anderen Seite.

`Wo sind sie geblieben?' Die einen sind nicht mehr da, weil sie vergast wurden. Und die anderen sind auch nicht mehr da. Als angesehene Bürger haben sie unbehelligt in Frieden ihren Lebensabend im Kreise ihrer Freunde und Angehörigen verbracht. Heute erheben die Kindeskinder wieder ihre Stimme und wollen von Verstrickung und Schuld der Elterngeneration nichts wissen. Keiner war es gewesen. Jedenfalls keiner von uns. Und die Kirche sagt auch heute dazu ihr ‚AMEN'.

7. Warum stören Erinnerungen?

Ich komme zum Abschluss und möchte eine Antwort geben auf die Frage, warum Erinnerungen stören. Dies ist meine subjektive Antwort. Es wird zahlreiche andere geben.[100]

Die Generation meiner Eltern und Großeltern erlebte die Schrecken des Nationalsozialismus. Sie wirkten mehr oder weniger aktiv mit, sympathisierten oder schauten aus der Ferne passiv den Verbrechen zu. Ein großer Teil schwieg zu allem. Ein verschwindend kleiner Teil kämpfte in der Opposition. Dies unterstreichen die Ergebnisse der Wahlen von 1933, die Hitler an die Macht brachten, wie auch Umfrageergebnisse noch einige Jahre nach dem Ende des 3. Reichs. Auch in diesen fand das Hitlerregime trotz der Katastrophe noch mehrheitlich große Zustimmung.
So kam es dazu, dass viele Ansichten, Positionen und Werte aus dieser Zeit an die nächste Generation weitergegeben wurden. Und wer die Liebe und Zuneigung der Eltern nicht verlieren wollte, für das Wort ‚Eltern' können auch die Worte

[100] vgl. auch Arno Gruen, Der Fremde in uns, Stuttgart 2000

‚Arbeitgeber', ‚Institution', ‚Gesellschaft' eingesetzt werden, der hatte sich anzupassen und die Meinungen und Werte der Eltern zu übernehmen, ob freiwillig oder weniger freiwillig als Ausdruck des Gehorsams. Auf alle Fälle sicherte das die eigene Zukunft, ja, ermöglichte Karrieren in Beruf und Gesellschaft. So konnten sich gewisse Traditionen in einer fast ungebrochenen Kontinuität fortsetzen.
Die Unruhen zu Ende der 60iger Jahre versuchten hier einen Schnitt, der aber nur zum Teil gelang. Deren Konsequenzen waren vielleicht das ein oder andere bestimmt ernst gemeinte Dokument, die ein oder andere Erklärung von Institutionen, der Kirche. - Aber, wie es so schön heißt: Papier ist geduldig. Im Verborgenen konnten unausgesprochen Traditionen fortleben.

Wenn dann aber konkret und authentisch erinnert wird, dann stört die Erinnerung den unausgesprochenen Konsens des Schweigens, des Verschweigens, weil sie aus der Geborgenheit und Sicherheit herausreißt, die Gehorsam und Anpassung bewirkt hatten. Dann wirkt die Erinnerung als Bedrohung der eigenen Existenz, zumal wenn sie eine Existenz ist, die sich auf Schweigen und Verschweigen gründet.

Wie auch immer: Erinnerung ist notwendig, auch wenn sie stört. Sie sollte, wie eingangs gesagt, gnädig und barmherzig sein, versuchen nicht zu verletzten, vor allem immer den einzelnen Menschen im Blick haben, damit sie nicht instrumentalisiert wird. Erinnerung ist notwendig, auch wenn sie stört, denn nur sich erinnernde Menschen werden wachsen, werden positiv ihre Zukunft gestalten, weil sie sich konstruktiv mit ihrer Vergangenheit oder der der Eltern bzw. Großeltern auseinandergesetzt haben.

Beispiele christlich-jüdischer Studien auf akademischer Ebene

Neben Verlautbarungen und Beschlüssen von Kirchen und christlich-jüdischer Organisationen waren es immer auch Veröffentlichungen auf akademischer Ebene, die versuchten, den christlich-jüdischen Dialog zu führen.

In erster Linie sei hier an den ‚Freiburger Rundbrief. Zeitschrift für christlich-jüdische Begegnung'[101] erinnert. Er wurde 1948 von Dr. Gertrud Luckner und einem kleinen Kreis engagierter katholischer Christen gegründet. Er will die judenfeindliche Vergangenheit der Christen und Nichtchristen insbesondere in der Bundesrepublik Deutschland aufarbeiten, die Erfahrungen der jüdisch-christlichen Begegnung mit Menschen aus möglichst vielen Ländern teilen und die Freundschaft mit dem jüdischen Volk vertiefen.

Aber auch auf akademischer Ebene gab es zahlreiche Veröffentlichungen, von denen ich lediglich auf drei aufmerksam machen möchte:

1. Peter Hirschberger, Die bleibende Provokation. Christliche Theologie im Angesicht Israels[102]

Im Frühjahr 2008 veröffentlichte Peter Hirschberger eine Arbeit unter dem Titel ‚Die bleibende Provokation'. Sie formuliert bereits im Vorwort die im weiteren Verlauf nachdrücklich verteidigte These, dass trotz einer nachlassenden Euphorie im christlich-jüdischen Dialog, ‚das Judentum eine, ja vielleicht sogar die entscheidende Provokation für den christlichen Glauben ist – und es auch bleiben muss!' Darüber hinaus sei die Beschäftigung mit dem Judentum kein exotisches Hobby, sondern gehöre in den Kernbereich des christlichen Glaubens. Im Verlauf seiner Abhandlung erörtert Hirschberger, teils sehr ausführlich und oftmals nicht wenig innovativ, die Fragenkomplexe ‚Erwählung' und ‚Erlösung' anhand des neutestamentlichen Zeugnisses, die altkirchlichen Dogmen zu Christologie und Trinität und schließlich, genial aktuell zum 60. Jahrestag der Staatsgründung Israels, die Frage nach ‚Land und Staat Israel als Anfrage an eine ‚christliche Israeltheologie''.

In seinem ersten Fragenkomplex nimmt Hirschberger eine These der amerikanischen Theologin Rosemary Ruethers auf, die in den 70er Jahren behauptete, ‚dass der christliche Antijudaismus die linke Hand der Christologie sei.' und fragt folgerichtig, ob die eigentlichen Wurzeln einer christlichen Judenfeindschaft nicht schon in den zentralen Aussagen des Neuen Testaments zu

[101] 2017 änderte der Verein Freiburger Rundbrief den Titel der Zeitschrift in ‚Zeitschrift für christlich-jüdische Begegnung im Kontext'

[102] vgl. Peter Hirschberger, Die bleibende Provokation. Christliche Theologie im Angesicht Israels, 2008

finden seien. In sehr differenzierter Weise untersucht Hirschberger einzelne neutestamentliche Schriften und deren Verfasser (die Evangelisten, Paulus, den Johannes der Offenbarung), um zur Erkenntnis zu gelangen, dass Israel bleibend von Gott erwählt ist und christliche Theologie um ihres Grundes willen der (alttestamentlich) jüdischen Tradition bedarf. Trotz differenzierter Betrachtung sei und bleibe jedoch das Christusbekenntnis der eigentliche Stein des Anstoßes. Den Judenchristen in neutestamentlicher Zeit komme für das Verhältnis von Christen und Juden eine besondere Bedeutung zu. Diese könne den messianischen Juden von heute zukommen. Weiterhin würden jedoch noch offenen Fragen im christlich-jüdischen Verhältnis in der Parusie, in eschatologischer Perspektive des ‚schon-jetzt' aber ‚noch-nicht', letztendlich aber durch Gott beantwortet. So formuliert Hirschberger: Der auferweckte Jesus ist der ‚Messias designatus'. Er ist auch der Messias Israels, weil nur so die christliche, in Jesus Christus begründete Hoffnung das jüdische Volk mit einschließe.

Es schließen sich sehr informative und differenzierte Erörterungen über christologisches und trinitarisches Dogma an. Jedoch kommt der Autor am Ende auch in der Frage der Naturen bzw. der Person Jesu nicht über ein ‚sowohl, also auch' hinaus, die Frage also, ob Jesus auch Gott war, beantwortet er mit ‚ja' und ‚nein'. …und kommt trotz der zu Beginn des Kapitels wieder sehr interessanten Fragestellungen oder besser: ‚Infragestellungen' der entsprechenden Dogmen zu der erstaunlichen und darum enttäuschenden Antwort: ‚Wir erfahren in der pluralen Dynamik dieses Geschehens (christologischen bzw. trinitarischen Geschehens, Anm. d. Verf.) den in seiner Liebe zu uns einzigartigen Gott. Aber wir können diesen Gott nicht rational erfassen. Wir können ihn nur im Schweigen verehren und im Lobpreis anbeten.'

Zu den Stärken des Buches, vor allem für die, die sich mit diesen Fragen zum ersten Male auseinander setzen, gehört Hirschbergers theologische Deutungen von Land und Staat Israel, auch wenn er hier theologische, politische und verkündigende Aspekte vermischt. Ja selbst eigenen Träumen gibt der Verfasser an dieser Stelle ausführlich Raum. Dass sich dieses Buch vornehmlich an eine christliche Leserschaft (Studierende der Theologie, der Religionspädagogik, der Religionswissenschaft und Nichttheologen) richtet, wird letztendlich an der Frage deutlich, welche Bedeutung Land und Staat Israel für eine christliche Theologie habt, eine Frage, die von jüdischer bzw. israelischer Seite - wohl nicht zu Unrecht - überhaupt nicht gestellt wird.

Leider vermischen sich auch in der Frage der Seßhaftwerdung in alttestamentlicher Zeit und in der im 20. Jahrhundert verstärkt einsetzenden Bevölkerung des Landes durch Juden, die schließlich 1948 in der Staatsgründung Israels kulminierte, wissenschaftliche Erkenntnisse mit Glaubensbekenntnissen des Autors. Hier scheint er dem doch m. E. seit längerer Zeit überholten hermeneutischen Schema zu erliegen, das von ‚Verheißung' – ‚Erfüllung' spricht, wenn er schreibt: ‚All die verschiedenen Verheißungen, die im Alten Testament ausgesprochen werden, werden in Jesus gebündelt und auf den Punkt gebracht, ohne ... ihre irdisch-konkrete Struktur zu verlieren...' Und dort, wo die Lesenden vielleicht eine politische Analyse erwarten würden, kommt immer häufiger der in der Geschichte bis heute handelnde Gott als Lenker und Leiter derselben ins Spiel.

So bleibt das von Hirschberger vorgelegte Buch eine mehrfache Provokation. Sicher die, die er als Grundlage benannt hat: die jüdische Theologie als stetige Provokation christlichen Bekenntnisses. Leider setzt sich Hirschberger kaum mit der Tradition des Judentums nach der Zeitenwende auseinander. Darüber hinaus sind Hirschbergers Gedanken, trotz der ein oder anderen auch für jüdische Lesende interessanten Fragestellungen, als Antworten eine bleibende Provokation für in jüdischer Tradition Denkende, weil es nicht gelingt, überkommende christliche Argumentationsmuster zu überbieten, sondern letztendlich der Hoffnung und damit christlich-missionarischem Bekenntnis Ausdruck verliehen wird, dass sich Jesus von Nazareth auch als der wiederkommende Christus erweisen wird. Und letztlich ist dieses Buch eine hermeneutische Provokation, weil wissenschaftliche, exegetische, dogmatische, erzählende Teile ineinandergreifen, fiktive Dialoge mit Träumen, historische Abhandlungen und dogmatische Überlegungen mit Glaubensbekenntnissen vermischt werden.

2. Biblische Radikalitäten. Judentum, Sozialismus und Recht in der Theologie Friedrich-Wilhelm Marquardts[103]

Ich studierte Evgl. Theologie von 1975 bis 1980 in Wuppertal und Bonn. 30 Jahre nach der Befreiung der Konzentrationslager diskutierte Berthold Klappert in Seminaren noch über Kreuz und Auferstehung Jesu, die Bonner Lehrer bereiteten ihre ablehnende Haltung gegen den Rheinischen Synodalbeschluss von 1980 vor, ohne entsprechende Vorlagen in Lehrveranstaltungen einzubringen.

Mich verwundert heute nicht mehr, dass das, was wir heute den auch auf akademischer Ebene geführten jüdisch-christlichen Dialog nennen, an mir damals spurlos vorüber gegangen ist. Es ist, glaube ich, eher weniger meiner Ignoranz geschuldet, als einer theologischen Lehrtradition, die so gut wie ungebrochen ihre teils fatale biblisch und systematisch-theologische Hermeneutik der Israelvergessenheit über die Jahre der Shoah hinweg gerettet hatte. Die Lehrer schwiegen. Mehr noch, sie ignorierten. Die zaghaften Versuche, das Judentum für die christliche Theologie[104] fruchtbar zu machen, hatten noch keinen Eingang in

[103] Biblische Radikalitäten. Judentum, Sozialismus und Recht in der Theologie Friedrich-Wilhelm Marquardts, hrsg. v. Andreas Pangritz, Ergon Verlag Würzburg 2010

[104] vgl. Friedrich-Wilhelm Marquardts ähnlich lautende Untersuchung: Die Entdeckung des Judentums für die christliche Theologie. Israel im Denken Karl Barths, München 1967

die Curricula theologischer Lehrveranstaltungen gefunden, die ich hätte besuchen können.

Hat sich seit Mitte der 70iger Jahre in den Fakultäten Wesentliches verändert? Ich habe da meine Zweifel.

Sicher gab es Versuche. Aber die waren eher zaghafte. Und das mag auch daran liegen, dass sich die wenigen Protagonisten in dieser Frage einerseits auf ein Territorium begaben, dass nach wie vor theologisch, politisch und gesellschaftlich vermint war. Andererseits, obwohl es Ergebnis eigener Forschung und Reflektion und darum unwiderrufbar und unumkehrbar war, wollte kaum jemand Licht in die Finsternis traditioneller Hermeneutik bringen, denn persönliche Aversion gegenüber Juden waren und sind allerorts lebendig.

Auf diese Ambivalenz bei Karl Barth zum Beispiel weist Andreas Pangritz in seinem Beitrag ‚Judentum und Sozialismus in Friedrich-Wilhelm Marquardts Barth-Rezeption' hin. Barth, so Marquardt[105], schien selbst überrascht (aber nicht ohne Sorge), welche Schlüsse Marquardt aus seiner ‚Israellehre' gezogen hatte. Auf der anderen Seite gab Barth in einem Brief an Marquardt unumwunden zu: ‚er habe „in der persönlichen Begegnung mit dem lebendigen Juden… immer so etwas wie eine völlig irrationale Aversion herunterzuschlucken" gehabt. Zu diesem „gewissermaßen allergischen Reagieren" könne er selbst nur „pfui" sagen. Es könne aber durchaus sein, dass sich dieser antijüdische Affekt, dem gerade von seinen theologischen Voraussetzungen her widersprochen werden müsse, in seiner Israellehre „retardierend ausgewirkt" habe.' (S. 44)

Allein schon die Dokumentation dieses Eingeständnisses Barths und seines Zusammenhangs macht den Vortragsband ‚Biblische Radikalitäten. Judentum, Sozialismus und Recht in der Theologie Friedrich-Wilhelm Marquardts' lesenswert, der von Andreas Pangritz im Jahre 2010 herausgegeben wurde. Der Band erwuchs aus einem Internationalen Symposiums, das im Juli 2008 am Ökumenischen Institut der Universität Bonn stattfand.

Lesenswert auch deshalb, weil es den Blick auf einen Lehrer, nämlich Friedrich-Wilhelm Marquardt[106], lenkt, der die Gedanken Barths in, wie ich meine, die bisherige Lehrtradition überwindender Weise durchbrach, die Hermeneutik zu Recht rückte, Jesus von seinem Jude-Sein her verstand, Jesu Treue und Liebe zur Thora ins Gespräch brachte und so zum einen das Judentum als eine eigenständige Glaubensweise neben dem Christentum, zum anderen das Judentum für christliches Denken und Handeln als fundamentalen Kontext reflektierte.

---

[105] Als Reaktion auf Marquardts: Die Entdeckung des Judentums für die christliche Theologie. Israel im Denken Karl Barths, München 1967

[106] Friedrich-Wilhelm Marquardt (1928-2002) ist einer der größten Pioniere für das christlich-jüdische Gespräch. Seine zweibändige Christologie ‚Das christliche Bekenntnis zu Jesus dem Juden' ist fundamental für den christlich-jüdischen Dialog, aber in der TheologInnenschaft wenig bekannt. Seine Habilitation über Theologie und Soziologie bei Karl Barth führte zu einem theologischen und wissenschaftlichen Skandal. Die Kirchliche Hochschule Berlin lehnte sie ab. Marquardt habilitierte sich dann an der Freien Universität in Berlin.

Erst in der Zusammenschau alten und neuen oder ersten und zweiten Zeugnisses können biblische Texte in ihrer Radikalität für christliche Theologie und TheologInnen begriffen werden, eine Erkenntnis, die dem Forschen, Schreiben und Lehren Marquardts zu verdanken ist, aber nach wie vor in allen Bereichen christlicher Theologie, ob in der Exegese, der Systematik oder Katechese einer notwendigen und angemessenen Rezeption harrt.

Barth, aber nicht nur er, begegnete jüdischen Menschen und dem nach wie vor existierendem Judentum mit Aversionen. Nicht allein Aversion, sondern heftigste Reaktion vieler gilt es zu beobachten, wenn in biblisch-theologischen Zusammenhängen, so wie bei Barth und Marquardt, der Begriff ‚Sozialismus' Verwendung findet. Für mich unverständlich, weil ich vielleicht emotional unbelastet bin, ist das Erschrecken vieler Mitmenschen heute, aber auch vieler akademischer Lehrer, mit denen sich Marquardt auseinander setzen musste, wenn er die ethische Konsequenz biblischer Aussagen in die Nähe eines für ihn durchaus positiv besetzten Begriffes des Sozialismus rückt.

Marquardt buchstabiert die Gedanken seines Lehrers Karl Barth weiter und müsste eigentlich zu einem die heutige Theologengeneration beeindruckenden Lehrer geworden sein. Aber die akademischen Ausbilder unserer Zeit bleiben in gewohnt vertrauten Bahnen und laden nicht ein zu einem Blick über die Grenzen der eigenen Traditionen. Sie verfolgen eher andere, eher im wahrsten Sinn des Wortes konservative Ziele, die Jesus allein für das Christentum requirieren. Sie bleiben provinziell und somit Hüter der altkirchlichen Bekenntnisse.

Marquardts Einfluss jedoch reicht über den europäischen Horizont hinaus und hat selbst Eingang in die minjung-Theologie gefunden, die vielleicht als das asiatische Pendant lateinamerikanischer Befreiungstheologie bezeichnet werden kann.

Ein anderer Autor dieses Sammelbandes, Micha Brumlik, warnt in seinem Beitrag davor, Marquardts Hinweis auf den Zusammenhang von Judentum und Sozialismus in Barths Gedanken, könnte alte antisemitische Klischees bedienen.

Dies ist meines Erachtens erschreckend und absurd zugleich, erschreckend, weil er den vielleicht richtigen Eindruck erweckt, wir hätten aus der Shoah nichts gelernt, absurd, weil Judentum und Sozialismus ja nicht grundlos von Barth und seinem Schüler Marquardt in Zusammenhang gebracht werden und ja auch einen Kern jesuanischer Lehre darstellen, dem wir uns konsequent stellen müssen. Es sei denn, wir denken nur über den Teil christlicher Lehre nach, der uns genehm und als politisch und gesellschaftlich und theologisch korrekt erscheint.

3. Friedrich-Wilhelm Marquardt, Chana Safrai, Talmud lernen, Berliner Vorträge 1992-2001[107]

Bei den von Andreas Pangritz herausgegebenen Vorträgen handelt es sich um Vorträge[108], die von Chana Safrai[109] und Friedrich-Wilhelm Marquardt zwischen den Jahren 1992 bis 2001 in alljährlich stattfindenden Wochenendtagungen an der Evangelischen Akademie Berlin gehalten wurden. Die Tagungen sollten eine überwiegend christliche Hörerschaft in ausgewählte Texte des Talmud einführen.

Die Erfüllung dieser Aufgabe war nicht einfach. Darin stimmten beide Vortragenden überein. Denn es bedürfe einer ‚Übersetzungs'-Hilfe, weil Christen, wenn sie mit Texten des Talmud konfrontiert würden, einer ihnen ‚fremden Welt' begegneten. Denn talmudische Texte entstammen einer jüdischen Lebens- und Gemeinschaftspraxis, die sich in christlicher Tradition aufgewachsenen Menschen nicht auf den ersten, auch nicht auf den zweiten Blick erschließt. Das meint sowohl Inhalte, wie Fragestellung und ihre Antwort, so auch die eher kasuistisch assoziative Argumentation, die, weil wenig gewohnt, nicht westlich philosophischer Natur entspricht. Das wird in den vorgelegten Beiträgen mehr als deutlich und macht ein Verstehen des Talmud für einen ‚Außenstehenden', der sich vielleicht ein erstes Mal mit ihm beschäftigt, nicht gerade einfach.

Chana Safrai gelingt es, gerade in ihrem ersten Beitrag, die Bedeutung des Talmuds für jüdisches Leben und Lernen (beide Begriffe könnten fast synonym gebraucht werden) zu verdeutlichen und beschreibt Talmud-Lernen als wesentlichen Baustein jüdischer Identität. In diesem Zusammenhang weist Marquardt, hier konsequent seiner Christologie folgend, - in positivem Sinn - provokativ darauf hin, dass, wer Jesus, wer Paulus, wer die Evangelisten von ihrem Grund her kennen und verstehen lernen will, Talmud lernen muss, weil es ihre jüdische Identität war, in der sie lebten und dachten und glaubten.

Außerdem wollten diese Autoren neutestamentlicher Schriften nicht, wie es christlich-theologische Tradition, und hier nennt Marquardt auch eigene Lehrer als Beispiele, bis heute weismachen wolle, nicht aus dem Judentum heraus-, sondern gerade in pharisäisches und rabbinisches Judentum hineinführen. Und darum sei das Studium des Talmud mit Hilfe jüdischer Lehrer, das sei wiederholt betont, weil es nur mit deren Übersetzungshilfe geht, auch für Christen lohnenswert. Denn es diene ebenfalls ‚christlicher Identität'.

---

107 Friedrich-Wilhelm Marquardt, Chana Safrai, Talmud lernen, Berliner Vorträge 1992-2001, hrsg. v. Andreas Pangritz. Orient & *Okzident,* Bonn 2014.

108 Die wenig überarbeitete aus Tonbandaufzeichnungen transkribierte schriftliche Form gerade der ersten Vorträge Safrais ist als Zeitdokument interessant, aber für den Lesenden gewöhnungsbedürftig.

109 Chana Safrai (1946-2008) war Dozentin für jüdische Religionsphilosophie und Talmud und Neues Testament und lehrte in Jerusalem, als Gastdozentin an der Kirchlichen Hochschule in Wuppertal.

Während Safrai in ihren Vorträgen über einzelne Traktate des Talmud den Hörenden eine Welt zu erschließen versucht, die im ersten Wahrnehmen sehr fremd anmutet, gelingt es Marquardt in seinen begleitenden Beiträgen, immer wieder Verbindungen zu zentralen christlichen Inhalten, wie Inkarnation, Abendmahl, Gesetz und Evangelium, Rechtfertigung, aufzuzeigen und weiß, dass er im Grunde nur ‚Assoziations-Räume' benennen kann, ‚um für Christen wenigstens allererste Anknüpfungspunkte oder Verstehenshilfen für Talmud-Texte zu finden, die uns auf den ersten Blick oft arg fremd und chaotisch erscheinen.' Wenn neben den Evangelien (so Leo Baeck) auch andere Schriften des Neuen Testaments als Quellen jüdischen Glaubens gelesen und verstanden werden, so erschließt sich für Christen eine neue Sicht auf die Quellen ihres Glaubens und darum eine vollkommen neue Hermeneutik.

Darum ist die Lektüre der Vorträge über ‚Talmud lernen' neben der ‚Provokation' Marquardts eine auch hier positiv zu verstehende ‚Zumutung' für Christen, zumal für die Curricula akademisch theologischen Studiums und deren christliche Lehrer.

4. Ergebnis: Blindheit und Ignoranz begleiten den Weg der Kirche

Aber all die eben skizzierten meines Erachtens wesentlichen Beiträge für ein theologisches Studium haben, wie oben bereits erwähnt, oftmals keinen Eingang in die Lehrpläne der Fakultäten, geschweige denn in die der Schulen im Religionsunterricht gefunden. So offenbart sich christliche Theologie immer noch in einem zumeist provinziellen, das heißt, weder rückwärts, noch seitwärts in vergangene und gegenwärtige jüdische Glaubenstraditionen blickenden Rahmen.

Die doch nicht wenigen Verlautbarungen vom Internationalen Rat Christen und Juden oder ihrer nationalen Zweige der christlich-jüdischen Gesellschaften werden zwar mit großem Aufwand und intellektuellem Fleiß erarbeitet, dringen aber so gut wie nicht in die jeweiligen Kirchen, geschweige denn in die Gemeinden vor.

Auch wenn Theologen, kaum einer jedoch engagiert sich noch in diesen Fragen, aus den jeweiligen Kirchen in den Gremien mitarbeiten, werden sie in ihren Kirchen so gut wie nicht wahrgenommen bzw. gehört. Auch die Beauftragten für das christlich-jüdische Gespräch, die in vielen Kirchenkreisen, Dekanaten oder Landeskirchen gewählt wurden, führen eine wenig in den Entscheidungsgremien ernst genommene Existenz und darum ein Schattendasein. Oftmals scheinen sie eher Feigenblattfunktion zu haben, oder werden nur als hobbymäßiger Zeitvertreib der jeweils Nominierten betrachtet.

Und wenn, wie im Rheinland geschehen, entsprechende Sätze in die Grundartikel der Kirchenordnung[110] aufgenommen wurden, diese wie die Bekenntnisschriften und die Barmer Theologische Erklärung von 1934 Grundlage für die Ordinationsverpflichtung sind, hat das oftmals keine relevanten Folgen für die Arbeit der Theologen und Theologinnen in ihrer Verkündigung.

In anderen Landeskirchen wird, wie zum Beispiel in Hannover, auch in ihrer Kirchenverfassung betont, ‚dass Zeugnis, Mission und Dienst… im Zeichen der Treue Gottes zum jüdischen Volk' stehen. Andere, aber noch nicht alle Landeskirchen erteilen der christlichen Mission unter Juden eine Absage.

Das mag als der gut gemeinte Versuch verstanden werden, aus der eigenen Geschichte zu lernen, und einem sich fortsetzenden Antijudaismus in den Kirchen zu wehren. Eine theologische Durchdringung, geschweige denn eine exegetische Aufarbeitung der Fragen, was Treue Gottes und Erwählung Israels im Blick auf Jesus, die Evangelien oder neutestamentlichen Schriften und altkirchliche Bekenntnisse heißt, und warum es keine Judenmission geben soll, davor scheuen sich die offiziellen Kirchen.
Und bis heute trifft man in der römisch-katholischen Theologie die Auffassung Karl Rahners[111], dass es unerheblich sei, dass der menschgewordene Sohn Gottes ein beschnittener Jude war, entscheidend sei sein Menschsein. Das unterstreicht der evgl. Theologe Prof. Anselm Schubert in Auseinandersetzung mit der Frage, ob Christus nicht auch als Frau hätte geboren werden können, wenn er schreibt: … seit der Antike bekennen alle christliche Kirchen, dass Christus in der Inkarnation keine konkrete menschliche Gestalt annimmt…, sondern die allgemeine menschliche Natur, die erst in der Person des Sohnes zu einem konkreten Menschen wird. Von daher sei es doch zutreffend zu sagen, Christus sei zunächst Mensch und erst in zweiter Linie Mann geworden…. Die Frage des Geschlechts war demgegenüber sekundär: Weiblichkeit oder Männlichkeit wurden von den Scholastikern nur als akzidentielle Variationen der einen menschlichen Natur verstanden, vergleichbar der Körpergröße oder der Augenfarbe.'[112]
Dann war es also sekundär bzw. gleichgültig, ob Jesus Jude oder Römer, Grieche oder Perser, Ägypter, Mann oder Frau, schwarz oder weiß war?
So lässt sich abschließend nur Folgendes feststellen: Ignoranz und Blindheit, Blindheit, die man einmal dem Judentum[113] vorwarf, sind nach wie vor vorherrschend in christlichen Theologenkreisen und der Kirche.

---

[110] 1996 ergänzter Grundartikel der rheinischen Kirchenordnung: „Die Evangelische Kirche im Rheinland bezeugt die Treue Gottes, der an der Erwählung seines Volkes Israel festhält. Mit Israel hofft sie auf einen neuen Himmel und eine neue Erde."

[111] Karl Rahner (1904-1984) war einer der bedeutendsten Dogmatiker der katholischen Kirche im 20. Jahrhundert. Er hatte großen Einfluss auf die Texte des 2. Vatikanischen Konzils.

[112] so in einem Leserbrief, abgedruckt in der FAZ, v. 18 12. 2020, S. 7.

[113] Vor so vielen Kathedralen und in zahlreichen Gemälden finden wir die Figuren von Kirche und Synagoge dargestellt: die Kirche erkennbar durch ihren triumphalen Gesichtsausdruck, die der Synagoge abgewandt und mit verbundenen Augen.

Wie lässt sich besser das Dilemma beschreiben, in dem die Kirche, egal welcher Konfession, steckt.

Dieses Dilemma mag eine kleine Episode aus der Biographie Franz Rosenzweigs (1886 – 1926)[114] deutlich machen. Franz Rosenzweig ist einer der bedeutendsten jüdischen Philosophen deutscher Sprache.

Immer wieder versuchten Freunde, Rosenzweig zur Konversion ins Christentum zu bewegen. Fast wäre es ihnen gelungen. Als Rosenzweig dann aber, bis dahin wenig vertraut mit seiner jüdischen Glaubenstradition, sich intensiv mit dem Judentum beschäftigte, um herauszufinden, was er aufgeben würde, entschied er sich dann doch, Jude zu bleiben, und teilte seinen Freunden seine Entscheidung mit. Er begründet dies mit einem Wort Jesu aus dem Johannesevangelium (14, 6), das sehr vielen Judenmissionaren zum Lieblingsvers geworden war: „Ich bin der Weg, die Wahrheit und das Leben; keiner kommt zum Vater, denn durch mich". Rosenzweig schreibt: ‚Was Christus und seine Kirche in der Welt bedeuten, darüber sind wir einig: es kommt niemand zum Vater denn durch ihn. Es kommt niemand zum Vater – anders aber wenn einer schon nicht mehr zum Vater kommen braucht, weil er schon bei ihm ist. Und dies ist nun der Fall des Volkes Israel.'

Die Vertreter der Kirchen sind wohl der Meinung, sie würden in der theologischen Annäherung an das Judentum das eigene Bekenntnis in Frage stellen. Aber wenn ich mir die Entwicklung der Dogmen in ihrem Verlauf und ihrer Geschichte anschaue, dann kann es nicht sein, dass Bekenntnisse ein für allemal in Stein gehauene Glaubensgegenstände sind, die unverrück- und unveränderbar über Jahrhunderte hinweg für alle Zukunft Gültigkeit haben sollen. Zumal sie oftmals Ausgangspunkt für Kirchenspaltungen und Religionskriegen waren, deren Folgen bis auf den heutigen Tag zu spüren sind.

Sicher, Bekenntnisse sind wichtig, weil die Christenheit der Welt in ihnen ihren wie auch immer erreichten Konsens findet. Aber sie brauchen stetig eine Kommentierung, Deutung, Ergänzung, die auch dem ‚gemeinen Kirchenvolk' bekannt gemacht werden sollte.

Ecclesia semper reformanda est (= Die Kirche ist eine immer zu erneuernde) ist ein von Karl Barth im Jahre 1947 populär gemacht Wort, das schon auf eine Predigt des Kirchenvaters Augustin zurückgehen soll.

Es ist auch nicht zu verstehen, dass die grundlegenden Schriften des Christentums, die beiden Testamente, seit Beginn immer wieder Gegenstand der Diskussion, der Interpretation, der textkritischen und sonstigen Exegese waren, dies sogar an der ein oder anderen Stelle zu Veränderungen in den Texten führte, die altkirchlichen Bekenntnisse aber von jeglicher Exegese und Kritik ausgenommen waren und bis

---

[114] vgl. meinen Aufsatz über Franz Rosenzweig in: Begegnungen… s. o.

heute unverändert als Dogma Bestand haben. In den vergangen Jahrzehnten hat es lediglich im Wortlaut des Apostolischen Glaubensbekenntnisses (und des Vater unser) kleinere verbale Eingriffe gegeben, die jedoch keine nennenswerten inhaltlichen Veränderungen ergaben. Welche Rolle also kommt den Dogmen im Vergleich zu den Schriften des Alten und Neuen Testaments zu?

Ein im Ergebnis offenes und ernsthaftes Gespräch zwischen Christen und Juden und in der Konsequenz auch zwischen den Vertretern aller christlichen Konfessionen könnte nicht nur einen großen Beitrag für die Theologie in den Kirchen leisten, sondern auch für den Frieden in der Welt, wie schon Hans Küng in seinen Überlegungen zu einem Weltethos schreibt.

Aber bisher, und das schon seit vielen Jahrzehnten, bleiben die offiziellen Worte zum christlich-jüdischen Dialog Worte.

Ein afrikanischen Sprichwort sagt: Worte sind schön, aber Hühner legen Eier.

Erinnern in der dritten und vierten Generation

1. Fragen 75 Jahre nach der Befreiung von Auschwitz

Im Jahre 2020 erinnerten wir uns an die Befreiung der Inhaftierten des Konzentrationslagers Auschwitz durch die Rote Armee vor 75 Jahren am 27. Januar 1945.

In seiner Ansprache in Yad Vashem am 23. 1. 2020 sagte Bundespräsidenten Frank Walter Steinmeier,

‚er wünschte sich, sagen zu können, dass die Deutschen für immer aus der Geschichte gelernt hätten. Aber das könne er nicht, wenn sich Hass und Hetze ausbreiteten, wenn jüdische Kinder auf Schulhöfen bespuckt würden oder wenn nur eine schwere Holztür verhindere, dass ein Rechtsterrorist an Jom Kippur in einer Synagoge in Halle ein Blutbad anrichte.‘

Ähnliches wiederholte er im Deutschen Bundestag aus Anlass einer Gedenkfeier zum 75. Jahrestag der Befreiung von Auschwitz in Anwesenheit des israelischen Staatspräsidenten Reuven Rivlin am 29. 1. 2020.

Wie kann es sein, dass ein deutscher Bundespräsident 75 Jahre nach der Befreiung von Auschwitz zu solch beängstigenden Feststellungen gelangen muss? Wurde und wird Deutschland nicht von vielen Ländern gerade wegen der Aufarbeitung der NS-Diktatur und Erinnerungskultur gelobt und als positives Beispiel benannt? Gab oder gibt es einen Bruch in der deutschen Erinnerungskultur? Wie ist diesem zu begegnen?

Diesen und anderen Fragen möchte ich in den nun folgenden Gedanken nachgehen:

2. Die deutsche ‚Erinnerungskultur‘

Die sog. Aufarbeitung der Shoah in Hitler-Deutschland in der breiten deutschen Öffentlichkeit setzte erst Jahrzehnte nach 1945 ein. Hierzu gab vor allem die vierteilige amerikanische TV-Serie ‚Holocaust‘ Anlass, die die fiktive Geschichte der jüdischen Berliner Arztfamilie Weiss zur Zeit des Nationalsozialismus nachzeichnete. Sie wurde im Jahre 1979 im deutschen Fernsehen gezeigt. Das waren ganze 34 Jahre nach der Befreiung von Auschwitz. Und wie gesagt: es war keine deutsche, es war eine amerikanische Serie.

Auch wenn viele das Tagebuch der Anne Frank gelesen hatten, wurde in der deutschen Gesellschaft wenig über die Ursachen und die Ausmaße der Shoah nachgedacht oder diese thematisiert. Im Nachkriegsdeutschland beschäftigte man sich lieber mit dem Leid des verlorenen Krieges und dem Wiederaufbau der zerstörten Städte und der Wirtschaft.

Und dabei ‚störten' Berichte von den Nürnberger Prozessen, die von 1945 bis 1948 vor dem Internationalen bzw. dem US-Militärgerichtshof gegen die Verantwortlichen für Krieg und Shoah geführt wurden. Wer in Deutschland interessierte sich 1947 für den Krakauer Auschwitzprozess?

Sicher, die mediale Informationsmöglichkeit war im Vergleich zu heute eher dürftig. Aber nicht nur das: es war politisch nicht nur nicht opportun, sich mit diesen Fragen zu beschäftigen. Bis in hohen Regierungsebenen im Bund, auf Länder- oder kommunaler Ebene, in den Verwaltungen, in der Richter- und Ärzteschaft, ja selbst in den Kirchen saßen auch in den Nachkriegsjahrzehnten Hitlers willige Vollstrecker, die von der Entnazifizierung aus ganz verschiedenen Gründen verschont blieben.

Und diese, vornehmlich Männer, versuchten alles, eine Aufarbeitung des Völkermords an den Juden zu verhindern und ihre eigene Schuld und Verantwortung zu verschleiern.

Wer sich zB. mit der Biographie des Frankfurter Oberstaatsanwalts Fritz Bauer beschäftigt, der Mitte der 50er Jahre bis zu seinem Tode 1968 versuchte, die Judenverfolger, die Judenhenker und Hitlers Helfershelfer an der Shoah vor Gericht zu stellen, die bisher noch nicht strafrechtlich belangt waren, wird von den vielen Widerständen erfahren, die Bauer dabei, auch von höchster politischer Ebene, widerfuhren. Bauer war es, der den israelischen Geheimdienst 1957 auf die Spuren Adolf Eichmanns in Argentinien setze, was letztlich zu dessen Entführung nach Israel und dem dortigen Prozess führte. Die deutsche Politik wollte das, aber konnte es letztlich nicht verhindern. Eichmann war mitverantwortlich für die Ermordung von 6 Millionen Juden im von Deutschen besetzten Europa. Ich kann mich dunkel an Radiosendungen über den Prozess erinnern, ohne dass in meiner Familie darüber gesprochen wurde.

Dass ehemalige Konzentrationslager zu Gedenkstätten (Beispiele: Auschwitz 1947, Buchenwald 1957, Dachau 1965) umgewandelt wurden und hier die Orte des Grauens als Teil der Aufarbeitung der Shoah besichtigt werden konnten, rückte erst in den 80er Jahren des letzten Jahrhunderts ins Bewusstsein der Geschichtspädagogik. Zuvor fuhren Abiturklassen nach Westberlin, vornehmlich um sich den Brennpunkt des geteilten Deutschlands anzuschauen.

Der Ort, damals Hauptquartier der Gestapo, Zentrale des Sicherheitsdienstes der SS und des Reichsicherheitshauptamtes, wo heute die Dauerausstellung ‚Topographie des Terrors' zu sehen ist, wurde bis in die Mitte der 60er Jahre als Auto-Fahrübungsgelände und als Schutthalde der Kreuzberger Flächensanierung genutzt. Seit 1978 gab es Pläne zur Errichtung einer Gedenkstätte. Zur 750-Jahr-Feier Berlins fand eine erste Ausstellung zur Topographie des Terrors statt, ab 1992 bestand eine Stiftung zum Bau eines Dokumentationszentrums. Im Jahre 2010, 65 Jahre nach Kriegsende, wurde das Zentrum eröffnet.

Zuvor hatte der Mauerfall 1989 die Möglichkeit eröffnet, bis dahin für Westdeutsche nur sehr schwierig, Zugänge zu den Orten des Grauens zu finden. Von da ab war es, wenn gewollt, sehr einfach, Buchenwald oder gar Auschwitz zu besuchen.

Seit Mitte der 80er Jahre gehört das Thema ‚Shoah' bundesweit auch in die Lehrpläne der Schulen. Dieses wurde und wird jedoch sehr unterschiedlich, auch mit unterschiedlicher Intention und in verschiedenen Zusammenhängen und pädagogischen Zielen behandelt. Ein Besuch von Schulklassen weiterführender Schulen in Auschwitz ist seit einiger Zeit zB. in NRW verpflichtend, in anderen optional.

Im Jahre 1948 wurden in München, Stuttgart und Wiesbaden Gesellschaften für Christlich-Jüdische Zusammenarbeit gegründet. Auch dies geschah auf Empfehlung und Betreiben der Amerikaner. Heute gibt es bundesweit etwa 80 Gesellschaften. Sie setzten sich für ein besseres Verständnis zwischen Christen und Juden ein. Ihre Wirkung nach außen ist jedoch sehr begrenzt. Lediglich die jährliche Eröffnung der Woche der Brüderlichkeit mit der Verleihung der Buber-Rosenzweig-Medaille wird in der ARD gezeigt. Vor 10 Jahren noch live am Sonntagvormittag, wird heute nur noch eine Zusammenfassung am späten Sonntagabend ausgestrahlt. Damit überhaupt das öffentlich-rechtliche Fernsehen Interesse zeigt, liegt an der Verleihung der Buber-Rosenzweig-Medaille, weil die Auszeichnung ein möglichst prominentes Mitglied aus Politik oder Gesellschaft erhält, das für ein gewisses öffentliches Interesse sorgt.

Zur christlich-jüdischen Thematik sei angemerkt, dass es gerade die schon in der Kirche der ersten Jahrhunderte formulierte antijüdische Polemik und eine daraus entstandene antijüdische christliche Theologie war, die den sich im 19. Jahrhundert entwickelnden Antisemitismus nicht nur begünstigte, sondern förderte. Bis heute, trotz verschiedener kirchlicher Erklärungen aus den letzten 40 Jahren hat sich am Antijudaismus in der breiten Theologenschaft nicht allzu viel verändert. Das Thema ‚Juden-Christen' ist in der Theologie und Kirche ein Nischenthema.

Daran konnten auch die Gesellschaften für Christlich-Jüdische Zusammenarbeit wenig ändern, obwohl sie sich große Mühe gaben. Dazu gehörte auch, dass sie immer wieder Überlebende der Shoah zu Vortragsveranstaltungen einluden. Die Schilderungen der Erlebnisse dieser aus den Todeslagern entkommenen Männer und Frauen sollten aus der Betroffenheit heraus vor allem einen neuen Umgang mit Menschen jüdischen Glaubens und das immer wieder zu hörende ‚Nie wieder' im Bewusstsein der deutschen, nicht-jüdischen Gesellschaft stärken.

Erwähnt seien auch an dieser Stelle schon die Partnerschaften zwischen deutschen und israelischen Städten.

Ich fasse hier zusammen: Begann die sog. ‚Aufarbeitung' der Shoah in Deutschland sehr spät, also erst Jahrzehnte nach der Befreiung von Auschwitz, so hat sich das seit Beginn der 80er Jahre verändert[115]. Die Möglichkeiten, die Gedenkstätten in den ehemaligen Konzentrationslagern zu besuchen, sich in Literatur und Medien über den Genozid an den Juden zu informieren und Überlebende zu Wort kommen zu lassen und ihnen zuzuhören, sind vorhanden und wurden und werden genutzt.

3. Erinnerungskultur gegen kollektives Gedächtnis

Trotzdem kam Steinmeier Anfang des Jahres zu dieser oben erwähnten erschreckenden Feststellung.

Das heißt, dass die eben aufgezeigten Möglichkeiten einer ‚Aufarbeitung', und da gibt es über die von mir eben erwähnten unzählige mehr, nicht ausreichen, um das Verhalten in der breiten Masse der Gesellschaft zu verändern und dem immer wieder und auch in unseren Tagen erstarkten Rechtsradikalismus zu wehren. Psychologie und Soziologie müssten sich mit der Frage beschäftigen, weshalb eine Pädagogik, die Menschen dafür sensibilisieren und betroffen machen will, oftmals wenig erfolgreich ist, warum Menschen aus ideologischen, politischen und gesellschaftliche Gründen das Leben anderer Menschen vernichten.

An dieser Stelle erlaube ich mir wenige Hinweise, die ich hier aus verschiedenen Gründen nicht weiter ausführen kann: es gibt Ansichten und Urteile, die bewusst und unbewusst über Generationen hin tradiert werden. Hierfür wird in der Wissenschaft das Wort vom kollektiven Bewusstsein oder kollektiven Gedächtnis gebraucht. In dieses kollektive Gedächtnis haben sich Antijudaismus und Antisemitismus tief eingeprägt und wurden und werden bewusst oder unbewusst an die jeweils nächsten Generationen weitergegeben, oft ohne, dass sie kritisch hinterfragt werden.

So bin ich der Meinung, dass es auch nach 1945 bis in unsere Tage hinein immer einen latenten, hinter verdeckter Hand oder offen ausgesprochenen Antisemitismus gegeben hat. Selbst in der heutigen TheologInnenschaft stelle ich immer wieder einen weit verbreiteten Antijudaismus fest. Judenfeindliche Sätze,

[115] Aber noch 1997 ergab eine Umfrage, dass jeder fünfte Jugendliche in Deutschland mit dem Wort Auschwitz nichts verbinden konnte. Zwei Drittel wussten weder, wo Auschwitz liegt, noch wie viele Menschen in den Konzentrationslagern ermordet wurden. Ob eine Umfrage heute andere Ergebnisse erbringen würde, mag ich bezweifeln.

die Johannes Paul II. aus der Karfreitagsliturgie streichen ließ, sind von Papst Benedikt XVI. wieder in die Liturgie aufgenommen worden.

Sich als Antisemit zu bekennen war und ist bis jetzt politisch wenig korrekt. Aber ich beobachte seit gut 15 Jahren, dass antisemitische Andeutungen und Aussagen immer gesellschafts- und salonfähiger, ja sogar als politisches Mittel provozierend eingesetzt werden, und dass die Scheu und die Scham, sich entsprechend zu äußern, deutlich abgenommen haben. Und die Wahlerfolge der AfD, vor allem in Thüringen 2019, wo diese Partei von vielen nicht trotz Björn Höcke, sondern gerade wegen Höcke gewählt wurde, scheinen mir das zu bestätigen.

Ein zweiter Hinweis: ich habe oft den Eindruck gehabt, dass bei einigen Menschen, das Interesse, Überlebende zu hören oder Stätten des Terrors zu besuchen, weniger das Leid der Opfer im Vordergrund stand, sondern das voyeuristisch, fast schon beobachtend sadistisch zu nennende, beinahe hautnahe Erleben von Macht, von Gewalt, von Terror und Tod. Macht, Gewalt, Terror und Tod fasziniert Menschen immer wieder. Ich habe dafür das Wort vom ‚Tätertourismus' geprägt. In anderen Zusammenhängen spricht man von Katastrophentourismus. Der Soziologe Wolf Dombrowsky, Professor für Katastrophenmanagement an der Steinbeis Hochschule in Berlin, sagt im Blick auf Gaffer an Unfall- oder Terrororten, dass 90 Prozent der Leute sensationsgierig seien, die restlichen zehn Prozent sind betroffen. Ich frage, ob das nicht zumindest in Ansätzen übertragbar ist auf die hier behandelten Zusammenhänge?

Ein Drittes: nach wie vor gibt es in der deutschen Nachkriegsgeneration die Meinung, dass sie mit der NS-Diktatur und mit dem Völkermord an den Juden nichts zu tun gehabt habe. Eine Erinnerung beunruhigt dann. Und Unruhe möchte keiner. Die Beschäftigung mit der Vergangenheit wird als rückwärtsgewandt beschrieben und störe das Bemühen um ein unbeschädigtes und unbelastetes deutsches Nationalgefühl.

Das heißt aber im Aufnehmen und in der Beantwortung einer meiner Fragen vom Anfang: es gibt keinen Bruch in der deutschen Erinnerungskultur. Dem Erinnern und Lernen aus der Shoah stand immer das kollektive Gedächtnis eines immanenten Antisemitismus entgegen. Dem ‚Nie Wieder' stand und steht ein ‚Weiter so!', eine fast ungebrochene antisemitische Grundhaltung in einigen Teilen der deutschen Gesellschaft, über Prozentzahlen möchte ich nicht spekulieren, entgegen. Es kann sein, dass die Shoah sie zu einem kurzfristigen Einhalten und Atemholen veranlasst hatte.

4. Veränderte Bedingungen der Erinnerung

Trotz dieses meines eher pessimistischen bisherigen Resümees darf sich keiner entmutigen lassen, diesen revanchistisch antisemitischen Strömungen zu wehren. Wir müssen jeglicher Form von Antisemitismus, wo wir ihnen auch immer begegnen, heftigst entgegentreten und widersprechen. Wir müssen nach wie vor alles dafür tun, dass ein solches Verbrechen, wie das der Shoah, nie wieder geschehen darf.

Jedoch haben sich in den vergangenen Jahrzehnten, in denen auch vonseiten der politisch und in der Gesellschaft Verantwortlichen eine gesellschaftliche, geschichtliche, juristische, theologisch und politische Aufarbeitung vorangetrieben wird, die Bedingungen deutlich verändert. Seit 1999 hat sich der Bund an der Aufarbeitung der NS-Vergangenheit (und des DDR-Kommunismus) durch die Gedenkstättenkonzeption beteiligt. Im Jahre 2008 wurde sie fortgeschrieben.

Inzwischen sind die KZs als Museen konserviert und von Pädagogen didaktisch aufbereitet worden. Medial auf der Höhe der Zeit, interaktiv wird die Geschichte der Shoah jeweils vor Ort den Besuchenden, fast könnte man sagen ‚aseptisch' und klinisch rein, schwarz-weiß oder nachcoloriert in Bild und teils mit Originalton dargeboten. Um überhaupt weiterhin das Interesse an den abscheulichen Taten der Nazis zu wecken und einer fiktiven Spielewelt gegenüber konkurrenzfähig zu bleiben, wird dies in unserer medial dominierten Welt seine Berechtigung haben. Die Frage, ob sich dies positiv oder negativ auf das ‚Nie wieder!' der Erinnerungsabsicht auswirkt, sollte zumindest gefragt werden. Eine Antwort muss hier aber offen bleiben. Denn mediale Interaktion muss nicht unbedingt Nähe, Empathie und Betroffenheit und dadurch zu Verhaltensänderung anhalten. Was mich berührt, muss mich berühren können.

Darüber hinaus wird es in absehbarer Zeit keine Überlebenden aus den Konzentrationslagern mehr geben, die von ihrem Erleben berichten könnten. Oft haben sie ihre Erinnerungen in Büchern dokumentiert. Das persönliche Erleben in Erzählungen jedoch war immer ungleich beeindruckender als es die Lektüre dieser Geschichten auch nur in Ansätzen sein könnte.

Es bleiben aber die Kinder und Enkelkinder der Überlebenden. Manchmal haben die Eltern und Großeltern Kindern und Enkeln erzählt, was sie in den KZs erlebt haben. Oft aber war das Thema Tabu. Zu Hause wurde geschwiegen und keiner der Kinder oder Enkel wagte zu fragen. Denn zu wissen, wie schrecklich das Leben im KZ war, dass die Eltern oder Großeltern das alles auch erlebt hatten, und dass es wohl nur Zufall und Glück war, Leid und Tod in den KZs, Zwangsarbeit und Todesmärsche überlebt zu haben, und dass sie nicht fragten, nicht fragen konnten und wollten oder durften, wurde in den Opferfamilien zum Trauma.

Und dieses traumatische Schweigen zwischen den Generationen wurde weitergegeben an die zweite, dritte, ja inzwischen vierte Generation, unter der die Familien teilweise heute noch leiden. Und wer versuchte zu verdrängen, wie Angehörige seiner Familie in der Shoah umkamen, oder wer auf sein Jude-Sein auch gerade deswegen nicht angesprochen werden möchte, den wird jedes Mal, wenn irgendwo in der Nähe oder in der Ferne antisemitische Angriffe auf jüdische Menschen oder Einrichtungen geschehen, die Erinnerung an seine Eltern oder Großeltern einholen, der wird sich seines Jude- oder Jüdin-Seins schmerzhaft spätestens dann bewusst.

Auf der anderen Seite, nämlich auf der Seite der Tätergenerationen ist Ähnliches zu beobachten. Auch hier wurde an den Esstischen oder in den Wohnzimmer nicht darüber gesprochen, was vor allem die Väter oder Großväter im Krieg gemacht hatten. Auch hier war das Thema Tabu. Es war ein Thema, das in der Öffentlichkeit, vor allem seit den `68 Jahren, diskutiert wurde. Zu Hause aber herrschte Schweigen. Die Fragen jedoch, die da waren, wurden oder durften nie gestellt werden. Sie begleiteten Kinder, begleiten die Enkel in einer doch oft beunruhigenden Art und Weise. Auch immer mit der Sorge, irgendwann könnte doch der Name des Vaters oder des Großvaters genannt werden oder ein Foto von ihm in einer Ausstellung oder Dokumentation zu sehen sein.

So ist bis heute die Beziehung zwischen der dritten, vierten Opfergeneration und der entsprechenden Tätergeneration eine sehr inkongruente.

Aber sie ist da, wenn auch oft verborgen. Aber es ist wichtig, diese Beziehung zu thematisieren und positiv zu gestalten und nicht so zu tun, als ob alles schon gesagt wurde und doch endlich ein Schlussstrich gezogen werden müsste. Denn ein Miteinander zwischen nachfolgenden Opfer- und Tätergenerationen kann nur im miteinander Erinnern geschehen, damit das Zusammenleben der Generationen gelingen kann.

Dem ‚Weiter so!‘ aus dem antisemitischen Kollektivgedächtnis muss das konstruktive Gespräch der nachfolgenden Generationen mit ihrem ‚Nie wieder‘ entgegen treten, gerade in einer Zeit salonfähig gewordener rechtsradikaler Sprüche und ihrer politischen Strukturen.

Dies vor allem, und hier komme ich zu einem dritten Punkt der sich veränderten Bedingungen einer Erinnerungskultur, in einer Gesellschaft, die sich in den vergangenen Jahren doch sehr stark verändert hat. In den 80er Jahren kamen sehr viele Deutsche aus den ehemaligen GUS-Staaten. Die einen waren von Geburt her Juden, wussten jedoch wenig oder gar nichts von ihrer jüdischen Tradition über die Shoah. Die Neuankömmlinge verhalfen den oft zahlenmäßig kleinen jüdischen Gemeinden in Deutschland zu neuem Leben. Hier galt es zunächst und ohne Frage zurecht jüdische Tradition zu vermitteln. Aber das Wissen um die Shoah gehört dazu. Denn das eine wie das andere ist heute Teil der Identität der bis vor Jahrzehnten zahlenmäßig kleinen jüdischen Gemeinden.

Die anderen Deutschen, die keine Juden waren und aus den GUS-Staaten kamen, hatten ebenfalls so gut wie keine Kenntnis über Nazi-Deutschland und seine Terrorherrschaft. Nach Sibirien oder Kasachstan verschleppt litten sie, gerade weil sie Deutsche waren. In kleinen Gemeinden pflegten sie ihre deutsche Identität und ihre Traditionen. Sie kamen nach Deutschland mit einem patriotischen Deutschlandbild frei von jeglicher Schuldfrage.

Dazu gesellten sich in den vergangenen 10 Jahren vermehrt Flüchtlinge und Asylbewerber aus eher muslimischen Ländern, oft aus Ländern, die Israel und den Juden sehr feindlich gegenüberstanden. Einigen ist es bis heute schwer zu vermitteln, dass der Kampf gegen jegliche Form von Antisemitismus zur deutschen Staatsräson[116] gehört. Hier wird einer Erinnerungspädagogik in Schulen und Gesellschaft sehr schnell ihre Grenze aufgezeigt, so dass bisherige Methoden, die auf gewisse gesellschaftliche Übereinkünfte basieren konnten, neu überdacht werden muss.

Somit könnte vielleicht folgendermaßen der Bruch in der Erinnerungskultur beschrieben werden: zum einen gibt es die, die in ihrem antisemitischen Kollektivbewusstsein nach einem durch die Shoah bedingten kurzen Einhalten ihr ‚Weiter so!' propagieren und in rechtsradikalen Parteien und Strömungen ihr Zuhause finden, dann eine indifferente Haltung von nachfolgenden Täter- und Opfergenerationen, die immer noch im traumatischen Schweigen verharren, zum dritten, die von der Shoah überhaupt nichts wissen und nicht verstehen, welch deutliche Spuren sie in den jüdischen Gemeinden hinterlassen hat. Schließlich Menschen, die nach Deutschland gekommen und in religiös-nationalen Zusammenhängen groß geworden sind, in denen Israel und alle Juden Todfeinde waren.

5. Erinnern unter veränderten Bedingungen

5. 1 Die Würde des Menschen ist unantastbar

Nun stellt sich die Frage, wie eine Erinnerung an die Shoah mit dem Ziel, dass sich ein solches Geschehen nie wieder ereignen darf, unter den eben beschriebenen veränderten Bedingungen fortgesetzt bzw. neu gestaltet werden kann?

Als eine erste Antwort möchte ich feststellen, dass auch hier das Rad nicht neu erfunden werden muss.

[116] Unter Staatsräson versteht man einen Grundsatz, nach dem der Staat sein Interesse auch unter Umständen unter Verletzung des Rechts Einzelner (zB. das Recht auf freie Meinungsäußerung) durchsetzen kann, wenn dies im Sinne des Staatswohls für unbedingt notwendig erachtet wird.

In der Shoah geschah etwas, das keiner jemals gedacht hätte. Nazideutschland verfolgte und vernichtete Juden[117] "jenseits von Konflikt, Gegnerschaft oder politischer Feindschaft". Der 1946 in München geborene Historiker und Schriftsteller Dan Diner spricht hier vom ‚Zivilisationsbruchs'. In der Shoah zerbrach alle Gewissheit einer ‚ontologischen Sicherheit'. Ja, die Nazis handelten selbst gegen das Interesse an der eigenen Selbsterhaltung.

Wie konnte das in dem Land geschehen, das als ‚Land der Dichter und Denker' bezeichnet wurde? Eine Antwort: weil die Menschenwürde nicht nur außer Kraft, sondern mit Füßen getreten wurde.

Mit Menschenwürde verbinden wir die Vorstellung, dass alle Menschen unabhängig von Herkunft, Geschlecht oder Alter denselben Wert haben, nämlich die gleiche Würde haben. Die Würde des Menschen, so formuliert es das GG der BRD im ersten Artikel, ist unantastbar, sie ist ein unverletzliches und unveräußerliches Menschenrecht und eine Grundlage menschlicher Gemeinschaft.

Es war der römische Philosoph Cicero, der den Begriff der ‚Menschlichkeit' mit dem der ‚Würde' zusammendachte. Aber schon vor Cicero, im Judentum und aus diesem folgend im Christentum entwickelte sich der Begriff der Würde des Menschen aus der im Buch Genesis beschriebenen Gottesebenbildlichkeit des Menschen. Und da das für alle Menschen gilt, leitet sich hieraus die Gleichheit aller Menschen vor Gott her. Aus dieser Gottesebenbildlichkeit lässt sich dann auch das Gebot zur Nächstenliebe, ja sogar zur Feindesliebe ableiten. ‚Liebe deinen Nächsten, denn er ist wie du' (3. Mose 19, 18b; Gal. 5, 14). Dieses Gebot verbindet Juden und Christen. Auch im Islam ist die Würde des Menschen[118] fester Gegenstand des Glaubens. Anstelle von Nächstenliebe stehen im Islam jedoch Begriffe wie Recht, Gerechtigkeit und Barmherzigkeit. Und da diese Texte im Grunde zum christlichen Genom gehören, ist die Mittäterschaft der Kirchen mehr noch als unverständlich.

Es ist richtig, dass viele Nazitäter und ihre Helfer vielleicht noch getaufte, aber nicht mehr praktizierende Christen waren, aber trotzdem stellt sich aus all diesen Gedanken heraus eine noch viel tiefer gehende Frage: wie konnte es zur Shoah in einem Land kommen, das nicht allein als das Land der Dichter und Denker bezeichnet wurde, sondern einen wesentlichen, auch inhaltlichen Beitrag für das sogenannte christliche Abendland leistete? Wie konnte es sein, dass in diesem sog. christlichen Abendland nicht ein Aufschrei der Kirchen durch das Land ging, als im 19. und frühen 20. Jahrhundert die sog. Rassentheorie großen Einfluss in Gesellschaft und Politik gewann?

---

[117] Was ich an dieser Stelle über die Shoah schreibe, gilt in gleicher Weise für die Bekämpfung jeglicher Erscheinungsformen von Rassismus Antiziganismus, Fremdenfeindlichkeit, Ausgrenzung und Formen von Gewalt.

[118] Als eine Belegstelle wird Sure 17 Vers 70 angesehen: "Nun haben wir fürwahr den Kindern Adams (Menschen-)Würde verliehen [...]

Die Antwort ist einfach und erschreckend zugleich: weil weder die Kirchen noch die Religionen jemals die Worte der Gottesebenbildlichkeit aller Menschen gleich welcher Konfession gelebt oder auch als für den/die andere, der anders ist, gelten ließen. Religionen und Konfessionen leben aus ganz verschiedenen Gründen aus einem exklusiven Verständnis, dass sie allein den richtigen Gott kennen würden, und dass allein sie wüssten, welcher Weg zu ihm der richtige sei, dass sie allein das Heil ‚gepachtet' hätten. Und alle, die anders glaubten oder ihren Glauben an Gott anders lebten, müssten entweder missioniert werden, damit auch sie den ‚richtigen' Gott verehrten und ihnen somit das Heil zukomme, oder, wie es in der Geschichte zwischen Religionen und Konfessionen oft vorgekommen ist, getötet werden, weil sie Gott lästerten oder leugneten. Diese Art von Mission mit Bibel und Schwert, oder besser gesagt Missionsversuchen, hat über Jahrhunderte viele Kulturen zerstört und unzählige Menschenleben gefordert.

Als sich, wie oben bereits erwähnt, der seit den ersten christlichen Jahrhunderten in der christlichen Theologie innewohnte Antijudaismus mit der Rassenlehre des 19. Jahrhunderts verband, war der theologische und gesellschaftliche Weg bereitet, der direkt in die Shoah mündete. Sicher gab es auch außerchristliche Momente, die dies förderte, aber den Kirchen muss eine extreme Mitschuld an Auschwitz gegeben werden.

In seinen Gedanken über das Weltethos formulierte 1990 der katholische Theologe Hans Küng den Satz: kein Friede zwischen den Nationen ohne Frieden zwischen den Religionen.

Diesen Gedanken nehme ich auf und sage: wenn sich Religionen und Kirchen auf ihren Ursprung besinnen würden, nämlich auf Gott, Gott als den einen und einzigen, gleich welchen Namen sie für ihn haben, auf die Gottebenbildlichkeit des Menschen, auf die Würde jedes Menschen, so wie sie in der Erklärung der UN-Menschenrechtscharta von 1948 oder in der Kairoer Erklärung der Menschenrechte im Islam von 1990 definiert wurde, und dahingehend ihren Einfluss auf Politik und Gesellschaft in ihren jeweiligen Staaten geltend machten, dann könnte es zu einem Geschehen wie das der Shoah nicht mehr kommen.

Keiner, der in Erziehung und Wissenschaft tätig ist oder im Privaten als Vater oder Mutter Verantwortung trägt für die Erziehung von Kindern, muss warten, bis sich die Religionen oder Kirchen auf ihr grundlegendes Bekenntnis besinnen und miteinander Frieden schließen. Jeder und jede kann heute schon leben und weitergeben, dass die Würde des Menschen, egal ob religiös, ethisch oder humanistisch begründet, unantastbar und unverletzlich ist, damit dem Morden und Töten in der nahen und der weiten Welt Einhalt geboten wird. Die Grundsolidarität mit Menschen, weil sie Menschen sind, muss zum Grundkonsens einer Gesellschaft im Kleinen wie im Großen gehören.

Die Politiker jedes Staates bis hinein in die kleinsten politischen Einheiten in Ländern und Kommunen sind daran zu messen und immer wieder daran zu erinnern, inwieweit sie die jeweiligen Erklärungen zu den Menschenrechten in ihrem politischen Handeln beachten und umsetzen. Das fällt in demokratisch verfassten Ländern leichter als in andern politischen Systemen. Zivilcourage ist gefordert, dort hinsehen, dann aufstehen, wo die Würde eines Menschen in Wort oder Tat verletzt wird.

Der Respekt, die Achtung vor dem Leben des Menschen, des Menschen egal welchen Alters, welchen Geschlechts, welcher Herkunft oder Ethnie, des Menschen neben mir in der Nähe und der Ferne, der Respekt vor dem Menschen im Tun und Reden muss wieder ganz oben auf die Agenda der Erziehung in Familie, Schule und Gesellschaft gestellt werden. Nur so kann ein Miteinander, ein Zusammenleben in einer heute mehr als früher multikulturellen Gesellschaft gelingen. Das fängt im Kleinen und mit den Jüngsten an. Für eine Erziehung, die den Respekt vor dem Leben des anderen im Blick hat, ist es nie zu früh. Der Satz ‚Was Hänschen nicht lernt, lernt Hans nimmermehr' hat an seiner Bedeutung bis heute nichts verloren. Missachtung und Respektlosigkeit vor der Würde oder dem Leben eines anderen muss von Anfang an, schon im Entstehen skandalisiert, öffentlich gemacht und im Zweifel auch strafrechtlich verfolgt werden.

Der ehemalige Bundespräsident Roman Herzog sprach einst davon, dass wieder ein Ruck durch die Gesellschaft gehen muss. Ja, dazu ist es an der Zeit: Respekt, Achtung vor der Würde des Menschen, die Grundsolidarität der Menschen untereinander müssen neu thematisiert und neu erlernt werden. Und gerade wenn wir an die Shoah erinnern, erinnern wir daran, welche Folgen die Missachtung der Würde eines Menschen haben kann. Denn in der Missachtung der Würde des Menschen, in der Respektlosigkeit dem Leben des anderen, des Menschen neben uns gegenüber lag und liegt der Anfang jeglicher Grausamkeit.

5.2 Besuchen und begegnen

Darüber bleibt es aber weiterhin notwendig, Gedenkstätten, die Leid und Tod von Millionen von Menschen dokumentieren, zu besuchen. Denn auch Jahrzehnte nach der Befreiung von Auschwitz sind es vor allem diese Orte, die die Erinnerung an das unermessliche Leid der Shoah wachhalten. Fachkundige Führungen sollten nicht nur die geschichtlichen Informationen vertiefen, sondern Hilfen zur Reflektion bieten, damit sich Betroffenheit in kreative Gegenwarts- und Zukunftsgestaltung für ein friedliches Miteinander der Menschen untereinander verwandeln kann. Nur so kann eine Brücke zwischen Vergangenheit, Gegenwart und Zukunft geschlagen werden.

Ideal ist, und das ist die Intention der Internationalen Jugendbegegnungsstätte Auschwitz, wenn der Besuch einer KZ-Gedenkstätte mit der Möglichkeit einer mehrtätigen Begegnung Jugendlicher verschiedener Länder und Religionen verbunden werden kann.

‚Der Initiator der deutsch-polnischen Bemühung um eine Internationale Jugendbegegnungsstätte in der Nähe der Gedenkstätte Auschwitz-Birkenau im Januar 1970, Volker von Törne, dessen Vorschlag im Dezember 1986 in Oświęcim Wirklichkeit geworden ist, hat dazu geschrieben: Aufgabe dieser Jugendbegegnungsstätte wird es sein, junge Menschen aus aller Welt, die Auschwitz besuchen, aufzunehmen und ihnen die Gelegenheit zu geben, auf dem Hintergrund von Geschichte die brennenden Fragen nach Verständigung und Versöhnung zwischen den Völkern zu diskutieren. Denn ohne Geschichtsbewusstsein, das auch das Wissen um Auschwitz einschließt, ist Dienst am Frieden nicht möglich.‘[119]

Abgesehen von vereinzelten Initiativen wird dem ‚Lernen durch Begegnung‘ nach wie vor in der Pädagogik so gut wie kein Platz eingeräumt. Mathematik kann ich durch ein Buch oder ein entsprechendes digitalisiertes Programm lernen. Aber die Fragen: wer ich bin, wer ich in Beziehung zum anderen bin, wie ich mich zu anderen Menschen verhalte und sie sich zu mir, das wird mir kein Unterrichtender mit Hilfe noch so ausgeklügelter ethischer Konzepte vermitteln können. Dazu braucht es die konkrete Begegnung mit dem anderen. Denn es geht um Beziehung, Beziehung, die gelingt oder nicht. Aber damit sie gelingen kann, brauche ich die Möglichkeit, mich mit einem anderen mit all seinen Fragen, seiner Geschichte, seinem Leben, mit all meinen Fragen, meiner Geschichte, meinem Leben, mit all seiner Sorge und Angst, seiner Freude und Fröhlichkeit und mit all meiner Sorge, Angst, Freude und Fröhlichkeit auszutauschen, mit ihm in Beziehung zu treten. Nähe, Begegnung schafft, dass ich berührt werde, auch von der Not, den Fragen, der Geschichte des anderen.

Und das gelingt nur durch Begegnung, durch, wenn auch nur für eine gewisse Zeit, ‚Leben teilen‘: d. h. mich mitteilen, dem anderen zuhören, sein Leben teilen, Geschichte und Geschichten teilen, vor allem Familiengeschichten, Lebensgeschichten teilen. Wenn in solchen Begegnungen unter fachlich didaktischer, psychologischer oder supervisueller Begleitung dem ‚Leben und Geschichten teilen‘ in eben beschriebenen Zusammenhang Raum gegeben wird, dann hat ein ‚Nie wieder!‘ große Chancen, wenn auch zunächst im Kleinen, Gestalt zu gewinnen. Denn dem Menschen, den ich kennen gelernt habe in all seinen Lebenszusammenhängen, der mich berührt hat, dem werde ich den Respekt erweisen, den er verdient, und ihm und seiner Familie in Achtung begegnen.

Gerade in dem immer noch gespannten Verhältnis von Christen und Juden, in der schwierigen Beziehung zwischen Christen, Muslimen und Juden wären

[119] Aus der Präambel der Satzung der Internationalen Jugendbegegnungsstätte Auschwitz

Begegnungen, Leben teilen, sich mitteilen, das ‚Sich-Vertraut-machen‘ mit Lebensgeschichten der anderen von großer Wichtigkeit.

Dabei ist es nicht so wichtig, ob oder wie intensiv die einzelnen ihren jeweiligen Glauben praktizieren. Oftmals erinnere ich mich aber gerade in der Begegnung und im Gespräch mit anderen an eine lange vergessene oder bewusst verdrängte, verleugnete oder abgelehnte Tradition oder gar nicht bewusste Identität, auf die mich gerade der andere aufmerksam macht.

Ich erinnere an das Märchen ‚Der kleine Prinz‘ von Antoine de Saint-Exupéry: sich vertraut machen bedeutet, das anonyme Nebeneinander von Menschen durch langsames Näherrücken zu durchbrechen und die Einzigartigkeit des anderen in seinem Sosein zu erkennen. Und für das, was wir uns vertraut gemacht haben, sind wir ein Leben lang verantwortlich, d. h. Sorge tragen für den, den ich mir vertraut gemacht habe, ihn begleiten, ihn beschützen vor verbalen und physischen Angriffen.

5.3 Im Austausch ‚Leben teilen‘

Eine noch intensivere Auseinandersetzung mit dem Leben des anderen, und ich bin mir der Schwierigkeiten in der praktischen Umsetzung bewusst, ermöglichen ein Schüleraustausch oder ein Jugendaustausch, wie es zB. ‚ConAct – Koordinationszentrum Deutsch-Israelischer Jugendaustausch‘ entwickelt hat. Jugendliche leben für eine gewisse Zeit in Gastfamilien und können so am Leben der anderen teilnehmen. Schulpartnerschaften zwischen Schulen in Israel und in Deutschland unterstützen diese Arbeit, Städtepartnerschaften zwischen Deutschland und Israel sind ebenfalls ein geeignetes Instrument, solche Beziehungen zu pflegen. Oftmals jedoch sind sie vereinsmäßig organisiert und darum eher wie viele Vereine geschlossen ohne große Wirkungen nach außen.

Ein solcher Austausch zwischen Jugendlichen verschiedener Länder, Kulturen oder Religionen muss sich aber nicht auf internationale Beziehungen beschränken. In jeder großen Stadt gibt es die jeweiligen Einrichtungen, die einen solchen Austausch mit kleinen Wegen, sozusagen in der Nachbarschaft organisieren könnten. Sehr schnell verschwanden ab 1933 die jüdischen Nachbarn aus den Straßen, die jüdischen Kinder aus den Schulklassen. Und keiner fragte, warum, wohin, wozu?

Den jüdischen Nachbarn entdecken, gegenseitige Schulbesuche wären ein geeigneter Ort der Auseinandersetzung mit der jeweils eigenen Geschichte und der der Eltern und Großeltern. Es ist schwer, Traumata aufzulösen und zu bearbeiten. Ein Gespräch jedoch, bei dem ich dem anderen in die Augen schauen kann, im Erzählen, im Zuhören, könnte ein erster Schritt sein. Denn Nähe schafft Vertrauen.

Aber auch eine solche Begegnungs- und Austauschmöglichkeit bedarf der sehr sensiblen Vorbereitung und Supervision.

5. Ein neuer Buß- und Bettag

Nach einem Vorschlag der Eisenacher Konferenz der Evangelischen Kirchenleitungen 1852 und 1878 wurde in Preußen 1893 gesetzlich festgelegt, am Mittwoch vor dem letzten Sonntag des Kirchenjahres einen Buß- und Bettag zu feiern. Durch das ‚Reichsgesetz über die Feiertage' im Februar 1934 wurde er gesetzlicher Feiertag im ganzen Deutschen Reich.

Ursprünglich, und das schon seit der Antike, waren es drei Gründe für die Einführung von Buß- und Bettagen. Zum einen sollte die Kirche fürbittend vor Gott für die Schuld der Gläubigen eintreten. Dann sollte die Kirche an den Bußtagen ihre Wächterfunktion den Sünden der Zeit gegenüber ausüben. Und schließlich sollten Bußtage dem einzelnen dazu dienen, sein Gewissen vor Gott zu prüfen. Je länger jedoch, je mehr wurde der Buß- und Bettag ab der Mitte der 1950er Jahre inhaltsleer und nur noch als arbeitsfreier Tag im Verlauf der Woche dankend angenommen. Im Jahr 1994 wurde beschlossen, den ‚evangelischen' Buß- und Bettag als arbeitsfreien Tag mit Wirkung ab 1995 zu streichen, um die Mehrbelastung für die Arbeitnehmer durch die Pflegeversicherung auszugleichen. Das hieß, die Arbeitnehmer ‚durften' ein Tag im Jahr länger arbeiten.

Vonseiten der evangelischen Kirche gab es so gut wie keine Widerstände. Warum auch? Wusste sie doch wohl keinen Grund und Anlass mehr, einen separaten Buß- und Bettag zu feiern. Denn um Schuld als Kirche als Ganze war sie sich noch nie bewusst. Und wenn, so ging es nie um konkrete Schuld oder gar um die Nennung der Gründe, die zur Schuld führten, geschweige denn um die Bitte der Vergebung gegenüber denen, denen gegenüber sie schuldig geworden war. Gott Schuld zu bekennen, war leicht und einfach, geschah im Zweifelsfall in jedem Gottesdienst. Und das im Wissen um ein selbst formuliertes Bekenntnis, dass Gott ein großes Herz hat und seine Barmherzigkeit und Gnade keine Grenzen kennen.

Ihr Wächteramt den Sünden der Zeit gegenüber auszuüben? Da wollte sie es sich mit den Mächtigen der Zeit nicht verscherzen. Denn auch sie war mit der Macht der Mächtigen oftmals eng verknüpft und wollte ihren Anteil an der Macht nicht gefährden. Frage: Wie hätte sich das 20. Jahrhundert entwickelt, wenn sich die Kirchen gemeinsam gegen Adolf Hitler, seine Gesinnungsgenossen und Helfershelfer gestellt und sie exkommuniziert hätten? Anlass dazu hat es schon zu sehr früher Zeit der Machtergreifung Hitlers, ja sogar schon zuvor gegeben.

Und der Buß- und Bettag als Ort der Gewissenprüfung des einzelnen in immer spärlicher besuchten Gottesdiensten? Da hatte die Kirche wohl auch das Wort des ehemaligen evangelischen Bundespräsidenten Gustav Heinemann in Erinnerung, dass der, der mit einem Finger auf einen anderen zeigt, immer mit drei Fingern auf sich zurückzeigt.

Und doch: gerade die Themen, die bisher beschrieben wurden, würden einem Buß- und Bettag neben einem wie oben beschriebenen 17. Januar (vgl. Kapitel: Die ökumenische Bedeutung des 17. Januar...) durchaus reichlich inhaltliche Stoffe bieten und auf breiter Ebene kirchengemeindlicher Arbeit zu Diskussionen, zum gemeinsamen Lernen und zur Veränderung anregen. Auch dies könnte in Gemeinschaft und im Austausch mit offiziellen Vertretern und Mitgliedern der anderen großen Kirchen und Religionen geschehen. Denn hier wäre der geeignete Ort, Schuld zu bekennen, weil die, denen gegenüber die Kirche schuldig geworden ist, zugegen wären. Das könnte zu einem erneuerten konstruktiven Gespräch für das Miteinander von Kirchen und Religionen zum Wohle für die Zukunft aller führen.

7. Abschluss

Es mag sein, dass der erste und darstellende Teil meiner Ausführungen sehr pessimistisch und negativ, der letzte Teil hingegen zu euphemistisch und idealistisch klingt. Es sind jedoch persönliche Eindrücke und Beobachtungen, die ich über Jahre als Synodalbeauftragter für das Jüdisch-Christliche Gespräch und als Vorsitzender einer Christlich-Jüdischen Gesellschaft machen konnte.

Vor allem aber ist es mein Versuch, deutlich zu machen, dass das ‚Nie wieder!‘ einem ‚Weiter so!‘ nur durch eine versöhnende Begegnung auch durch Erinnerung wehren kann.

Anhang

Brief an die Delegierten der Zweiten Europäischen Ökumenischen Versammlung vom 23. - 29. Juni 1997 in Graz von der interkonfessionellen Gruppe 'TESHUVA', Mailand[120].

Liebe Schwestern und Brüder im Herrn,

diesen Brief sendet Euch die interkonfessionelle Gruppe 'TESHUVA' ('Umkehr', Anm. des Übersetzers) aus Mailand.

Wir sind katholische und protestantische Christinnen und Christen und arbeiten in unseren jeweiligen Gemeinden für einen Prozess der Versöhnung der christlichen Kirchen mit dem Judentum. Seit einigen Jahren schon arbeiten wir zusammen und sind davon überzeugt, dass dieser Prozess die Nagelprobe für den ökumenischen, den innerchristlichen Dialog ist oder sein sollte.

Unsere Gruppe ist auf Anregung der Diözesankommission für Ökumene und Dialog, Mailand, entstanden. Sie hat verschiedene Studien und Treffen von Christen und Juden initiiert und hierzu Pfarrer, Pastoren und Katecheten der verschiedenen Kirchen Mailands eingeladen. Seit Jahren arbeitet sie Unterlagen für den 17. Januar aus, der Tag, den die Italienische Bischofskonferenz der Beschäftigung mit dem Judentum gewidmet hat.

Bisher haben wir einen Weg beschritten, der reich an Augenblicken der Begegnung und eines wahren und tiefen Dialogs war: Dialog im Licht des Weges, auf den Gott in verschiedener Weise (wir denken auf komplementäre Weise) sowohl das Judentum als auch das Christentum gerufen hat; Begegnung, die sich um ein besseres gegenseitiges Verständnis im Geiste bemüht.

In diesen Augenblicken haben wir uns natürlich auch gefragt, warum unsere Kirchen bisher noch kein klares und offenes Schuldbekenntnis abgelegt haben zu all den Verleumdungen, dem Hass und der Verfolgungen, die dem Volk Israel gegenüber geschehen sind. Und bei denen im Verlauf der 2000 Jahre ihrer Geschichte die Kirchen ja doch Protagonisten waren, auch wegen ihres fortwährenden Schweigens, ihres stillen Einverständnisses und der Verantwortung, die sie während der schrecklichen Jahre der Shoah hatten.

Die kleine Erfahrung, die wir bisher machen konnten, scheint uns ein Anfang oder zumindest ein Versuch zu sein, der sich auf dem Weg der Versöhnung im Geiste der Europäischen Ökumenischen Versammlung von Graz 1997 fortsetzen könnte.

---

[120] Übersetzung von Autor, bis 1995 lutherischer Pfarrer der Chiesa Cristiana Protestante, Milano, und Mitglied der Gruppe 'TESHUVA'.

Wir haben das vorbereitende Material, das bisher erschienen ist, gelesen und uns erscheint das Treffen von grundlegender Bedeutung für die Zukunft des christlichen Zeugnisses in Europa für die nächsten Jahre.

Aus diesem Grunde möchten wir Euch an einigen unserer Überlegungen teilhaben lassen und einige Fragen stellen in der Hoffnung, dass Beiträge wie der unsrige Eurer Arbeit nützlich sein mögen, so wie 'einzelne Weizenkörner helfen, das gemeinsame Brot vorzubereiten.'

Der Prozess der kritischen Aufarbeitung des christlichen Antijudaismus hat mit großer Mühe erst nach 1945 begonnen. Große Unsicherheiten begleiteten ihn in diesen 50 Jahren. Aber es wurden auch wichtige Schritte vorwärts getan. Trotzdem halten wir es für notwendig, darauf hinzuweisen, dass der Antijudaismus (diese Annahme ist weit verbreitet) kein Problem ist, das das Christentums eigentlich nur am Rande (ad extra) berührt (als ob es hier lediglich um seine Beziehung zum Judentum gehe), sondern dass es hier um eine genuine (ad intra) christliche Frage geht, nämlich um die spezifisch christliche Identität. Denn oft definierte sich christliche Identität im Grunde als 'Überwindung' und 'Substitution' des Judentums. Von einer wirkungsvollen Überwindung des christlichen Antijudaismus können wir aber aufrichtigerweise solange nicht sprechen, solange nicht in Predigt, Katechese und christlicher Erziehung die Theorie der 'Substitution' ausgelöscht wird, solange eine 'typologisierende' Lektüre der hebräischen Bibel nicht ins Umfeld historischer Exegese zurückgeführt wird. Diese verzerrte Lektüre war die Wiege jener verachtenden Lehre, in der der ganze Antisemitismus genährt wurde. Noch heute hat sie eine wichtige Schlüsselfunktion für das theologische Verstehen, ja noch mehr, sie lebt nach wie vor in der kirchlichen Praxis (in biblischen Kommentaren, in Lektionaren, in liturgischen Texten).

Der Ausgangspunkt für die Frage nach Gott heute, kann kein anderer als Auschwitz sein, ein Punkt, hinter den es kein zurück gibt.

Nach diesem eigentlich unvorstellbaren Geschehen Gott zu denken oder an Gott zu denken, bringt einen tiefen Bruch im heutigen christlichen Selbstbewusstsein mit sich. Die Shoah ist ein Ereignis, das sich im modernen und christlichen Europa ereignete, das von getauften Menschen geplant und ausgeführt wurde. Christen können sich diesem Faktum nicht entziehen. Sie müssen sich der Frage stellen, dass hier nämlich versucht wurde, 'Gott umzubringen, indem man sein Volk tötete'.

Gleichzeitig müssen sich Christen heute, wenn sie neuerlich auf das Judentum schauen, vor dem Risiko in Acht nehmen, die jüdische Tradition zu instrumentalisieren oder sie sich so als Eigenes anzueignen, als ob sie damit ihrer eigenen Identität einen neuen Anstrich geben könnten. Auch hiermit würde das Anderssein des Judentums verkannt. Dies wäre neuerlich eine Form von Gewalt.

Es gibt eine unzerstörbare Integrität (irriducibilità) des Judentums, die die Christen wahrnehmen müssen.

Nach diesen einleitenden Ausführungen nennen wir nun einige Punkte dieses Prozesses der Neubetrachtung und die Fragen, die sich daraus ergeben.

- Der Apostel Paulus schrieb (Röm 11, 29)[121]: 'Denn unwiderruflich sind Gnade und Berufung, die Gott gewährt.' Muss es nicht, wenn wir die fortwährende Erwählung am Sinai konsequent akzeptieren, Folgen und große Bedeutung haben auch für unsere christliche Identität? Wenn der Heilsweg Israels verschieden ist vom unsrigen, aber es beide gibt und beide sich nicht ausschließen, heißt das vielleicht nicht in gewissem Sinn, dass der Weg Israels (die Thora) Voraussetzung und Bedingung für unseren ist (der Weg für die Völker)?
- Im 11. Kapitel in Vers 18 des Römerbriefes lesen wir auch: '... sondern die Wurzel trägt dich.' Was müssen die Kirchen tun, wenn man auf diesen Vers hin die Geschichte der Beziehungen zu den Juden überdenkt? Müsste nicht nachgedacht werden über die TESHUVA als für die Kirche wesentlich? Müsste nicht die historisch-kritische Methode der Bibelexegese auch in einer 'Dogmenexegese' angewandt werden? Müssten nicht eigene bisherige Überlegungen als relative angesehen werden?
- Welche Konsequenzen hat es für unseren christlichen Glauben, wenn wir dem Alten Testament, der Heiligen Schrift Israels, einen eigenständigen Wert im Inneren der göttlichen Offenbarung beimessen und das Alte Testament nicht lediglich als Ankündigung von etwas, was sich erst noch erfüllen muss, sondern als Ereignis betrachten, das in sich schon erfüllt ist, sowohl in der Wurzel als auch in der Perspektive? Welche Konsequenzen hat es für unseren christlichen Glauben, wenn wir das Neue Testament nicht als Modifizierung oder als Ersatz des Alten betrachten, sondern als eine bereichernde Ergänzung des Ersten? Welche Beziehung kann sich dann auf dieser Basis zwischen Altem und Neuem Testament ergeben? Welche Folgen hat dies für unsere Bibellektüre?
- Unser christlicher Glaube steht Seite an Seite mit anderen Glaubensbekenntnissen. Sie fordern uns. Sie erwarten unsere Auseinandersetzung, unseren Austausch mit ihnen. Aber der Glaube Israels, der auch ohne uns existiert, existiert in gleicher Weise in uns als untrennbarer Teil unseres Glaubens. Müssen wir - in diesem Lichte betrachtet - der Beziehung zwischen Christen und Israel nicht eine ganz besondere, eine fundamentale Rolle einräumen, unterschieden von unserer Beziehung zu anderen Glaubensbekenntnissen?
- Warum ist es nicht schon selbstverständlich zu akzeptieren, dass die Geschichte Israels auch heute noch andauert, dass sie niemals aufgehört hat, genauso wie Israels Glaube?
- Das Judentum heute ist Frucht eines historischen Prozesses und eines Gedankengutes von unermesslicher Größe. Die Tradition hat im Judentum eine einzigartige Rolle. Immer ist sie reicher geworden. Was wissen wir von diesem

[121] Die biblischen Zitate folgen der Einheitsübersetzung.

Prozess und dieser Tradition? Und wenn wir wirklich überzeugt sind, dass Israel die heilige Wurzel ist und wir in ihr eingepfropft, müssen wir dann nicht auch die jüdische Tradition von Grund auf kennenlernen und vertiefen?

- Müsste nicht auch die Geburt des modernen Staates Israel, auch wenn er sich in den geschichtlichen und politischen Ereignissen als ganz und gar weltlicher darstellt, auch wenn wir dabei seine Widersprüche in der aktuellen Situation vor Augen haben, Fragen an unser gläubiges Bewusstsein stellen? Und ohne seine Bedeutung für uns überzubetonen, stellt er uns nicht die Frage nach dem Geheimnis der Beziehung zwischen dem Volk Israel und der göttlichen Verheißung?
- Manchmal sprechen die christlichen Theologen von antijüdischen Tendenzen, die schon in einigen Schriften des Neuen Testaments begegnen. Wird in unseren Gemeinden dieses Problem in Predigt und Katechese benannt, wie wird darüber gesprochen?
- Der christliche Dialog zielt heute im Grunde auf ein Thema: das der Versöhnung. Müssten die christlichen Kirchen im Blick auf das Verhältnis zum Volk Israel nicht vielleicht schon einen Schritt zuvor tun: nämlich ein Schuldbekenntnis als Ausdruck der Reue, als Vorbedingung zur Umkehr?
- Müssen wir als christliche Kirchen nicht vielleicht die große ökumenische Möglichkeit erkennen, wenn wir uns gemeinsam auf diesen Prozess einlassen, dass sich im Blick auf Israel die eigene Identität vollkommen neu definiert?
- Müssen wir uns nicht auch fragen, warum wichtige offizielle Dokumente zu diesem Thema in unseren Kirchen nicht rezipiert werden. Weder werden sie unterstützt, noch scheinen sie überhaupt bekannt zu sein.

Diese scheinen uns einige der möglichen Fragen, die die Kirchen vor die Notwendigkeit stellen, viele ihrer heutigen Energien, viele ihrer Gedanken, viel ihres Tuns für eine tiefe und bewusste TESHUVA im Verhältnis zum Judentum aufzuwenden.

In der Hoffnung, dass diese Fragen für Euch gute Fragen darstellen und in Eurem Arbeiten von Nutzen sein können, senden wir Euch einen geschwisterlichen Gruß

Die Mitglieder der Gruppe 'TESHUVA'

Erhebe nicht den Namen des Herrn, deines Gottes, zum Falschen.

Begründung zum Antrag der Italienischen Bischofskonferenz, nicht das Tetragramm als Namen für Gott zu verwenden, vorgelegt von Pfr. Holger Banse auf der 2. Europäischen Ökumenischen Versammlung in Graz während des Hearings zum Thema: Welche Versöhnung? Fragen nach einer teshuvà von Christen gegenüber den Juden.

Seinen Namen, den wir lediglich in der Konsonantenfolge, in dem Tetragramm kennen, offenbarte Gott dem Mose (Ex. 3, 14). Wurde der Name Gottes, solange der Tempel bestand, nur einmal im Jahr am Versöhnungstag bei der Segnung des Volkes durch die Priester verwandt, verboten Respekt und Ehrfurcht, diesen Namen im profanen Bereich zu gebrauchen. Dieses Verbot galt dann auch für den Synagogengottesdienst.

Der Name Gottes[122] beinhaltet die geheimnisvolle Einheit von 'Ich' und 'Sein'. Das 'Ich' Gottes begründete die Möglichkeit der Beziehung Gottes zum 'Du', zur Schöpfung, zum Menschen. Im 'Sein' offenbarte sich Gott im Wandel der Geschichte der Menschen als der Ewige, als der Bleibende. Vielleicht hat dieser Name ursprünglich einen Gott neben anderen benannt. Einmal dem Volk Israel offenbart als der 'Ich bin', war das Tetragramm nicht mehr Eigenname, der einen Gott von anderen Göttern unterschied, sondern der eine-einzige Gott in all seiner geheimnisvollen Einzigkeit und Symbolik und Gewissheit. So offenbarte die geheimnisvolle Einheit des Namens 'Ich bin' gleichnishaft auch das Eins- und Einzigsein Gottes selbst.

Die Menschen der Bibel haben vermieden, dieses Geheimnis und seine Symbolik in ein bestimmtes, ein endgültiges Wort, in einen Begriff einzuschließen, der zu einer Dogmatisierung hätte verleiten könnte. Sie beließen diesen kurzen Satz vom Sein Gottes in seinem Wortlaute, rührten ihn nicht an wie ein Heiligtum, dem sich nicht menschlicher Versuch der Begriffsgebung, sondern lediglich die Ehrerbietung nahen sollte. Auch die Septuaginta beließ das Wort vom Namen Gottes in seiner ganzen Erhabenheit und gebrauchte anstelle des Namens das Wort 'kyrios', 'Herr'. So blieb lange die Heiligkeit dieses Wortes erhalten.

Heute ist zu beobachten, dass in Bibelübersetzungen, in wissenschaftlichen Abhandlungen, in Liturgie und Katechese häufig der Name Gottes acht- und gedankenlos in Form dieses geheimnisvollen Tetragramms wiedergegeben und ausgesprochen wird.

Ich frage: wird damit nicht das Erhabenste zur Alltäglichkeit verwandelt, die Poesie zur prosaisten Prosa, das Unerklärbare erklärt, das Charakteristische dieses namenlosen Namens zum diskutierbaren Begriff gedeutet, der Gott vergleichbar

[122] Vgl. L. Baeck, Dieses Volk. Jüdische Existenz, hrsg. v. A. H. Friedlander u. B. Klappert, Gütersloh 1996, S. 103ff.

macht, seiner Einzigkeit entkleidet, sein Ein- und Einzigsein verwischt? Büßt nicht hierdurch das Wort der Heiligen Schrift sein Eigentliches, sein Eigentümliches ein?

Wenn eine gelegentliche schriftliche Verwendung des Tetragramms unaufgebbar scheint, - Calvin und Rosenzweig versuchten, es durch "der Ewige", andere durch "der Heilige" zu ersetzen; Buber, auch Baeck verwenden es in ihren Schriften - , so sollte es zumindest, wie im jüdischen Gottesdienst, nicht ausgesprochen, sondern im gesprochenen Wort durch "Adonai" ersetzt werden.

Christlicher Glaube ist durch sein Bekenntnis zu Jesus, dem Juden, von seinem Grund her und von Anfang an untrennbar und wesentlich mit jüdischem Glauben, seiner Theologie und dadurch auch mit ihrer Tradition verbunden. Zu dieser Tradition gehören als eines der Charakteristika der Respekt und die Ehrfurcht vor dem Namen Gottes, mit der Konsequenz, ihn nicht auszusprechen.

Wenn Christen diesen wichtigen Gedanken jüdischer Tradition vertieften und sich als Ergebnis diesem Respekt und dieser Ehrfurcht anschlössen, zumal das 3. Gebot auch in christlichem Katechismus Eingang gefunden hat, würde der Versöhnung zwischen Juden und Christen ein weiterer positiver Schritt nach vorn gelingen.

Rheinischer Synodalbeschluss ,Zur Erneuerung des Verhältnisses von Christen und Juden', 11. Januar 1980

Nicht du trägst die Wurzel, sondern die Wurzel trägt dich. Römer 11,18b

(1.) In Übereinstimmung mit dem „Wort an die Gemeinden zum Gespräch zwischen Christen und Juden" der Landessynode der Evangelischen Kirche im Rheinland vom 12. Januar 1978 stellt sich die Landessynode der geschichtlichen Notwendigkeit, ein neues Verhältnis der Kirche zum jüdischen Volk zu gewinnen.

(2.) Vier Gründe veranlassen die Kirche dazu:

1. Die Erkenntnis christlicher Mitverantwortung und Schuld an dem Holocaust, der Verfemung, Verfolgung und Ermordung der Juden im Dritten Reich.
2. Neue biblische Einsichten über die bleibende heilsgeschichtliche Bedeutung Israels (z. B. Röm. 9-11), die im Zusammenhang mit dem Kirchenkampf gewonnen worden sind.
3. Die Einsicht, dass die fortdauernde Existenz des jüdischen Volkes, seine Heimkehr in das Land der Verheißung und auch die Errichtung des Staates Israel Zeichen der Treue Gottes gegenüber seinem Volk sind (vgl. Studie „Christen und Juden" III, 2 und 3).
4. Die Bereitschaft von Juden zu Begegnung, gemeinsamem Lernen und Zusammenarbeit trotz des Holocaust.

(3.) Die Landessynode begrüßt die Studie „Christen und Juden" des Rates der Evangelischen Kirche in Deutschland und die ergänzenden und präzisierenden „Thesen zur Erneuerung des Verhältnisses von Christen und Juden" des Ausschusses „Christen und Juden" der Evangelischen Kirche im Rheinland. Die Landessynode nimmt beide dankbar entgegen und empfiehlt allen Gemeinden, die Studie und die Thesen zum Ausgangspunkt einer intensiven Beschäftigung mit dem Judentum und zur Grundlage einer Neubesinnung über das Verhältnis der Kirche zu Israel zu machen.

(4.) Deshalb erklärt die Landessynode:

1. Wir bekennen betroffen die Mitverantwortung und Schuld der Christenheit in Deutschland am Holocaust (vgl. Thesen 1).
2. Wir bekennen uns dankbar zu den „Schriften" (Lk. 24, 32 und 4S; 1. Kor. 1 5,3 f.), unserem Alten Testament, als einer gemeinsamen Grundlage für Glauben und Handeln von Juden und Christen (vgl. Thesen II).

3. Wir bekennen uns zu Jesus Christus, dem Juden, der als Messias Israels der Retter der Welt ist und die Völker der Welt mit dem Volk Gottes verbindet (vgl. Thesen III).

4. Wir glauben die bleibende Erwählung des jüdischen Volkes als Gottes Volk und erkennen, dass die Kirche durch Jesus Christus in den Bund Gottes mit seinem Volk hineingenommen ist (vgl. Thesen IV).

5. Wir glauben mit den Juden, dass die Einheit von Gerechtigkeit und Liebe das geschichtliche Heilshandeln Gottes kennzeichnet. Wir glauben mit den Juden Gerechtigkeit und Liebe als Weisungen Gottes für unser ganzes Leben. Wir sehen als Christen beides im Handeln Gottes in Israel und im Handeln Gottes in Jesus Christus begründet (vgl. Thesen V).

6. Wir glauben, dass Juden und Christen je in ihrer Berufung Zeugen Gottes vor der Welt und voreinander sind; darum sind wir überzeugt, dass die Kirche ihr Zeugnis dem jüdischen Volk gegenüber nicht wie ihre Mission an die Völkerwelt wahrnehmen kann (vgl. Thesen VI).

7. Wir stellen darum fest: Durch Jahrhunderte wurde das Wort „neu“ in der Bibelauslegung gegen das jüdische Volk gerichtet: Der neue Bund wurde als Gegensatz zum alten Bund, das neue Gottesvolk als Ersetzung des alten Gottesvolkes verstanden. Diese Nichtachtung der bleibenden Erwählung Israels und seine Verurteilung zur Nichtexistenz haben immer wieder christliche Theologie, kirchliche Predigt und kirchliches Handeln bis heute gekennzeichnet. Dadurch haben wir uns auch an der physischen Auslöschung des jüdischen Volkes schuldig gemacht. Wir wollen deshalb den unlösbaren Zusammenhang des Neuen Testaments mit dem Alten Testament neu sehen und das Verhältnis von „alt“ und „neu“ von der Verheißung her verstehen lernen: als Ergehen der Verheißung, Erfüllung der Verheißung und Bekräftigung der Verheißung; „Neu“ bedeutet darum nicht die Ersetzung des „Alten“. Darum verneinen wir, dass das Volk Israel von Gott verworfen oder von der Kirche überholt sei.

8. Indem wir umkehren, beginnen wir zu entdecken, was Christen und Juden gemeinsam bekennen: Wir bekennen beide Gott als den Schöpfer des Himmels und der Erde und wissen, dass wir als von demselben Gott durch den aaronitischen Segen Ausgezeichnete im Alltag der Welt leben. Wir bekennen die gemeinsame Hoffnung eines neuen Himmels und einer neuen Erde und die Kraft dieser messianischen Hoffnung für das Zeugnis und das Handeln von Christen und Juden für Gerechtigkeit und Frieden in der Welt.

(5.) Die Landessynode empfiehlt den Kreissynoden die Berufung eines Synodalbeauftragten für das christlich-jüdische Gespräch. Die Landessynode beauftragt die Kirchenleitung, erneut einen Ausschuss „Christen und Juden“ einzurichten und Juden um ihre Mitarbeit in diesem Ausschuss zu bitten. Er soll die Kirchenleitung in allen das Verhältnis von Kirche und Judentum betreffenden Fragen beraten und Gemeinden und Kirchenkreise zu einem vertieften Verständnis des Neuansatzes im Verhältnis von Juden und Christen verhelfen. Die Landessynode beauftragt die Kirchenleitung zu prüfen, in welcher Form die Evangelische Kirche im Rheinland eine besondere Mitverantwortung für die christliche Siedlung Nes Ammim in Israel so übernehmen kann, wie dies andere Kirchen (z. B. in den Niederlanden und in der Bundesrepublik Deutschland) bereits tun. Die Landessynode beauftragt die Kirchenleitung, dafür zu sorgen, dass das Thema Christen und Juden in der kirchlichen Aus-, Fort- und Weiterbildung angemessen berücksichtigt wird.

Die Landessynode hält es für wünschenswert, dass an der Kirchlichen Hochschule Wuppertal und an der Gesamthochschule Wuppertal ein regelmäßiger Lehrauftrag mit der Thematik „Theologie, Philosophie und Geschichte des Judentums“ wahrgenommen wird, und bittet die Kirchenleitung, in diesem Sinne mit der Kirchlichen Hochschule Wuppertal und mit der Gesamthochschule Wuppertal zu verhandeln.

Zeit zur Neu-Verpflichtung – Die zwölf Thesen von Berlin

Ein Aufruf an christliche und jüdische Gemeinden in der ganzen Welt, vorgelegt bei der internationalen Konferenz und der jährlichen Mitgliederversammlung des Internationalen Rats der Christen und Juden in Berlin im Juli 2009.

Wir, der Internationale Rat der Christen und Juden und unsere Mitgliedsorganisationen, erneuern unsere Verpflichtung auf die Zehn Thesen von Seelisberg, die unsere Anfänge inspiriert haben. Deshalb veröffentlichen wir den folgenden Aufruf an Christen, Juden und alle Menschen guten Willens:

Ein Aufruf an Christen und christliche Gemeinden

Wir verpflichten uns auf die folgenden Ziele und laden alle Christen und christlichen Gemeinden ein, sich uns in dem fortdauernden Bestreben anzuschließen, alle Spuren der Verachtung gegenüber Juden zu beseitigen und die Bande mit den jüdischen Gemeinden weltweit zu fördern.

1. Religiöse, rassische und alle anderen Formen von Antisemitismus zu bekämpfen

Biblisch

- Indem wir Jesu grundlegende Identität als Jude seiner Zeit anerkennen und seine Lehren innerhalb des Kontexts des Judentums des ersten Jahrhunderts interpretieren.
- Indem wir Paulus' grundlegende Identität als Jude seiner Zeit anerkennen und seine Schriften innerhalb des Kontexts des Judentums des ersten Jahrhunderts interpretieren.
- Indem wir betonen, dass die neuere Forschung sowohl über die Gemeinsamkeit als auch über die allmähliche Trennung von Christentum und Judentum entscheidend ist für unser grundlegendes Verständnis des jüdisch-christlichen Verhältnisses.
- Indem wir die beiden Testamente in der christlichen Bibel als einander ergänzend und wechselseitig bejahend darstellen und nicht als einander widerstreitend oder als unterlegen bzw. überlegen. Glaubensgemeinschaften, die eine Perikopenordnung verwenden, werden ermutigt, biblische Texte auszuwählen und miteinander zu verbinden, die eine solche bejahende Theologie bieten.
- Indem wir uns gegen christliche Fehldeutungen biblischer Texte über Juden und Judentum wenden, die Zerrbilder oder Feindseligkeit hervorrufen.

Liturgisch

- Indem wir die Verbindung zwischen der jüdischen und christlichen Liturgie betonen.
- Indem wir auf den spirituellen Reichtum der jüdischen Schriftauslegung zurückgreifen.
- Indem wir christliche Liturgien von antijüdischen Perspektiven reinigen, insbesondere in Predigt, in Gebeten und Hymnen.

Katechetisch

- Indem wir in der Erziehung von Christen jeglichen Alters das christlich-jüdische Verhältnis positiv darstellen, die jüdischen Grundlagen des christlichen Glaubens hervorheben und präzise beschreiben, wie Juden selbst ihre eigenen Traditionen und Praktiken verstehen. Das betrifft auch die Curricula christlicher Schulen, Seminare und Erwachsenenbildungsprogramme.
- Indem wir das Bewusstsein der langlebigen Traditionen des christlichen Antijudaismus fördern und Modelle der Erneuerung des einzigartigen jüdisch-christlichen Verhältnisses bereitstellen.
- Indem wir den ungeheuren religiösen Reichtum der jüdischen Überlieferung hervorheben, insbesondere durch das Studium seiner maßgeblichen Texte.

2. Den interreligiösen Dialog mit Juden zu fördern

- Indem wir Dialog als etwas begreifen, das Vertrauen und die Gleichberechtigung aller Teilnehmenden voraussetzt, und jegliche Absicht ablehnen, andere davon zu überzeugen, den jeweils eigenen Glauben anzunehmen.
- Indem wir anerkennen, dass Dialog die Teilnehmenden dazu ermutigt, die jeweils eigenen Wahrnehmungen der eigenen Traditionen sowie die der Dialogpartner im Licht einer echten Verpflichtung gegenüber dem Anderen kritisch zu überprüfen.

3. Ein theologisches Verständnis des Judentums zu entwickeln, das dessen eigenständige Integrität bekräftigt

- Indem wir alle Lehren ausschließen, denen zufolge die Christen die Juden als ein Volk im Bundesverhältnis mit Gott abgelöst haben.
- Indem wir die gemeinsame Sendung von Juden und Christen zur Vorbereitung der Welt auf das Reich Gottes oder das kommende Zeitalter hervorheben.
- Indem wir gleichberechtigte, wechselseitige Arbeitsbeziehungen mit jüdischen religiösen und zivilen Organisationen schaffen.
- Indem wir sicherstellen, dass aufkommende theologische Bewegungen aus Asien, Afrika und Lateinamerika sowie feministische, befreiungstheologische oder andere Ansätze ein korrektes Verständnis des Judentums und der christlich-jüdischen Beziehungen in ihre theologischen Formulierungen integrieren.
- Indem wir organisierten Bemühungen zur Bekehrung von Juden entgegentreten.

4. Für den Frieden Jerusalems zu beten

- Indem wir den Glauben an eine inhärente Verbundenheit von Christen und Juden fördern.
- Indem wir zu einem volleren Verständnis der tiefen Bindung des Judentums an das Land Israel als einer grundlegenden religiösen Perspektive sowie der Verbindung vieler jüdischer Menschen zum Staat Israel als einer Frage des physischen wie kulturellen Überlebens gelangen.
- Indem wir darüber nachdenken, auf welche Weise das spirituelle Verständnis des Landes in der Bibel besser in christliche Glaubensperspektiven einbezogen werden kann.
- Indem wir die Politik der israelischen und palästinensischen Institutionen kritisieren, wenn eine solche Kritik moralisch berechtigt ist, und zugleich die tiefe Bindung beider Gemeinschaften an das Land anerkennen.
- Indem wir Angriffe gegen den Zionismus kritisieren, wenn sie zum Ausdruck von Antisemitismus werden.
- Indem wir uns mit jüdischen, christlichen und muslimischen Friedensarbeitern, mit Israelis und Palästinensern, zusammentun, um Vertrauen und Frieden in einem Nahen Osten aufzubauen, in dem alle sicher in eigenständigen, lebensfähigen Staaten leben können, die auf internationalem Recht und garantierten Menschenrechten beruhen.
- Indem wir die Sicherheit und den Wohlstand christlicher Gemeinden in Israel wie in Palästina fordern.
- Indem wir auf bessere Beziehungen zwischen Juden, Christen und Muslimen im Nahen Osten und in der übrigen Welt hinarbeiten.

Ein Aufruf an Juden und jüdische Gemeinden

Wir verpflichten uns auf die folgenden Ziele und laden alle Juden und jüdischen Gemeinden ein, sich uns in dem fortdauernden Bemühen anzuschließen, alle Spuren der Feindseligkeit und Zerrbilder gegenüber Christen zu beseitigen und die Bande mit den christlichen Kirchen weltweit zu fördern.

5. Die Bemühungen vieler christlicher Gemeinden im späten 20. Jahrhundert anzuerkennen, ihre Einstellungen gegenüber Juden zu reformieren

- Indem wir durch verstärkten intensiven Dialog mit Christen diese Reformen kennenlernen.
- Indem wir die Implikationen des Wandels innerhalb der Kirchen mit Blick auf Juden und ihr Verständnis des Judentums diskutieren.

- Indem wir Juden jeglichen Alters im Kontext der Geschichte der jüdisch-christlichen Beziehungen und gemäß der angemessenen Bildungsstufe jeder Gruppe über diesen Wandel unterrichten.
- Indem wir grundlegende, präzise Hintergrundinformationen über das Christentum in die Curricula jüdischer Schulen, Rabbinerseminare und Erwachsenenbildungsprogramme aufnehmen.
- Indem wir das Neue Testament sowohl als heiligen Text des Christentums als auch als Literatur studieren, die weitgehend von Juden in einem der frührabbinischen Literatur ähnlichen historisch-kulturellen Kontext verfasst wurde, und so einen Einblick in die Entwicklung des Judentums in den frühen Jahrhunderten unserer Zeitrechnung bieten.

6. Jüdische Texte und jüdische Liturgie im Licht dieser christlichen Reformen neu zu überdenken

- Indem wir uns mit jüdischen Texten auseinandersetzen, die fremdenfeindlich oder rassistisch erscheinen, und begreifen, dass viele religiöse Traditionen sowohl erhebende, inspirierende als auch problematische Texte beinhalten. Alle religiösen Überlieferungen sollten den Akzent auf Texte legen, die Toleranz und Offenheit fördern.
- Indem wir problematische Texte in ihren historischen Kontext hineinstellen, insbesondere Texte aus Zeiten, in denen Juden eine ohnmächtige, verfolgte und gedemütigte Minderheit waren.
- Indem wir die mögliche Neuinterpretation, Änderung oder Auslassung von Teilen der jüdischen Liturgie ansprechen, die Andere auf problematische Weise behandeln.

7. Zwischen fairer Kritik an Israel und Antisemitismus zu unterscheiden

- Indem wir biblische Beispiele gerechter Kritik als Ausdruck von Loyalität und Liebe verstehen und fördern.
- Indem wir Christen helfen zu verstehen, dass – neben religiösem Glauben und religiöser Praxis – gemeinschaftliche Identität und Verbundenheit miteinander ein wesentlicher Teil jüdischen Selbstverständnisses sind und somit die Verpflichtung gegenüber dem Überleben und der Sicherheit des Staates Israel den meisten Juden von großer Bedeutung erscheinen lassen.

8. Den Staat Israel darin zu ermutigen, darauf hinzuarbeiten, die in seinen Gründungsdokumenten formulierten Ideale zu verwirklichen – eine Aufgabe, die Israel mit vielen Völkern der Welt teilt

- Indem wir religiösen und ethnischen Minderheiten, einschließlich der Christen, die innerhalb des jüdischen Staates leben, gleiche Rechte garantieren.

- Indem wir eine gerechte und friedvolle Lösung des israelisch-palästinensischen Konflikts erreichen.

Ein Aufruf an christliche wie jüdische Gemeinden und an Andere

Wir verpflichten uns auf die folgenden Ziele und laden Juden, Christen und Muslime gemeinsam mit allen Menschen des Glaubens und guten Willens ein, einander stets zu respektieren und die Unterschiede und die Würde des jeweils Anderen zu achten.

9. Interreligiöse und interkulturelle Erziehung zu fördern

- Indem wir negative Bilder Anderer bekämpfen und die grundlegende Wahrheit lehren, dass jeder Mensch nach dem Bilde Gottes geschaffen ist.
- Indem wir der Beseitigung von Vorurteilen gegenüber dem Anderen hohen Vorrang im Erziehungsprozess einräumen.
- Indem wir zum wechselseitigen Studium religiöser Texte ermutigen, so dass Juden, Christen, Muslime und Mitglieder anderer religiöser Gruppen von- und miteinander lernen können.
- Indem wir gemeinsames gesellschaftliches Handeln beim Verfolgen gemeinsamer Werte unterstützen.

10. Interreligiöse Freundschaft und Zusammenarbeit sowie soziale Gerechtigkeit in der globalen Gesellschaft zu fördern

- Indem wir uns an der Einzigartigkeit jedes Menschen erfreuen und jedes Menschen politisches, wirtschaftliches und soziales Wohlergehen fördern.
- Indem wir Mitglieder von Glaubenstraditionen, die in eine neue Heimat emigriert sind, wo sie zur religiösen Minderheit geworden sind, als gleichberechtigte Bürger anerkennen.
- Indem wir nach gleichen Rechten für alle Menschen streben, ungeachtet ihrer Religion, ihres Geschlechts oder ihrer sexuellen Orientierung.
- Indem wir erkennen und uns damit auseinandersetzen, dass es in jeder Tradition, auch der eigenen, Gefühle religiöser Überlegenheit und damit einhergehend ein Gefühl gibt, andere Religionen seien weniger wert.

11. Den Dialog mit politischen und wirtschaftlichen Institutionen zu verstärken

- Indem wir mit politischen und wirtschaftlichen Institutionen zusammenarbeiten, wo immer es möglich ist, um interreligiöse Verständigung zu fördern.
- Indem wir das wachsende Interesse politischer und wirtschaftlicher Gruppen an interreligiösen Beziehungen nutzen.

- Indem wir Diskussionen mit politischen und wirtschaftlichen Institutionen über die dringende Notwendigkeit von Gerechtigkeit in der globalen Gemeinschaft anregen.

12. Mit all jenen Verbindung zu suchen, deren Arbeit auf die Forderungen der Verantwortung für die Umwelt antwortet

- Indem wir das Bekenntnis zu dem Glauben stärken, dass jedem Menschen die Fürsorge für die Erde anvertraut ist.
- Indem wir die gemeinsame jüdische und christliche biblische Verpflichtung gegenüber der Schöpfung und die Verantwortung anerkennen, sie im öffentlichen Diskurs und Handeln zum Tragen zu bringen.

All diesen Herausforderungen und Verantwortlichkeiten fühlen wir – der Internationale Rat der Christen und Juden und seine Mitgliedsorganisationen - uns verpflichtet.

von Holger Banse im **Fromm Verlag** veröffentlicht:

Lachen und Weinen. 40 Predigten und ein Psalm Gottes. 2011, ISBN 978-3-8416-0049-3

KURZ ANgeDACHT für 53 Wochen. 2012. ISBN 978-3-8416-0289-3

Berührt werden. Vorträge über Gott und seine Menschen. 2014, ISBN 978-3-8416-510-8

Begegnungen mit Martin Buber, Franz Rosenzweig und Leo Baeck, 2014, ISBN 987-3-8416-0499-6

Aus dem Schatten ins Licht. Briefe von Namenlosen und Liebenden aus der Bibel, die nie geschrieben wurden, 2017, ISBN: 978-3-8416-0909-0

Luca und ihr Engel. Biblische und andere Geschichten zum Vorlesen und Erzählen. 2020, ISBN 978-613-8-37062-8

Printed by Books on Demand GmbH, Norderstedt / Germany